# 小林一三

## 天才実業家と言われた男

小堺昭三

# 小林一三　天才実業家と言われた男／目次

## 九章　独創的な夢を実現させろ！《発想の原点》



## 十章　巨利をつかむ《過去の情報》

## 十七章　五島慶太に伝授した「事業成功の秘訣」



## 十八章　ライバル関係がお互いを発展させる！

## 十九章　天下無類の鼻柱の強さを持て！

# 一章

# 大衆を相手にした事業でなくては成功しない！

## ① 事業成功の秘訣

●事業は大衆を相手にした事業でなくては成功しない

●つねに事業は一年（一歩）先を目標に計画を立てよ。百年（百歩）先を見る人は狂人にされてしまう

●電鉄を敷いてもそのまま放置しておいては、沿線は発展しない

●鉄道沿線の居住者が、その沿線に住むことを、一つの誇りと考えるように電鉄経営をなすべし

●人間はつねに貸し方にまわれ

## 阪急王国をつくりあげた小林一三と〝弟子〟五島慶太

――例えば、手もとにある『昭和史事典』（毎日新聞社刊）には、小林一三の前半生は、このように紹介されている。

**小林一三**　こばやし・いちぞう　実業家　商工・国務相　一八七三――一九五七　山梨生。慶応義塾卒。三井銀行に入り、のち箕面有馬電気軌道（後の阪神急行電鉄）を設立。郊外電車の沿線に住宅地を開発することに着眼、ユニークなパンフレット広告で話題をまいた。また乗客誘引のために宝塚温泉、動物園、豊中グラウンドなどを沿線に開発するとともに、わが国初の少女歌劇・宝塚少女歌劇団を創設した。（後略）

実にコンパクトに要約されているため、トントン拍子にスイスイと立身出世していったかに見えるが、まず彼が明治二六年春、二〇歳にして「三井銀行に入り、のち箕面有馬電気軌道を設立」して電車を走らせるまでには山あり谷ありの、悲喜交々の一八年もの歳月が流れているのである。女性関係でも悩みがあったし、その間の彼を前途有望の逸材と見なすものは一人としていない、まったくダメな三井マン……どこにでもいる、何をやらせても要領のわるい〝落ちこぼれサラリーマン〟にすぎなかった。当人は一生けんめい努力しているつもりでも、〝師〟と仰いでいた岩下清周《いわしたきよかね》は冷淡だし、なぜか認めてもらえないのである。

洋の東西を問わず、史実や人間の生きざまの微妙なおもしろさは、さらりと書き流されたり、省略されてしまっている部分の「なぜ?」を丹念に発掘することにある。そこに意外性に充ちた真実や興味津々の人間ドラマが大量に埋蔵されているからだが、『昭和史事典』は小林の〝弟子〟にあたる五島慶太の前半生についても、略歴のみをこう紹介しているにすぎない。

**五島慶太**　ごとう・けいた　実業家　運輸通信相　一八八二――一九五九　長野生。東京高師、東大法卒。農商務省嘱託から鉄道院に入ったが、大正九年（一九二〇）辞職、武蔵電鉄常務となり電鉄業界に入った。同一一年小林一三のすすめで鉄道建設と沿線住宅地の開発に成功、目蒲電鉄（東急の前身）を設立、その後池上電鉄、東京地下鉄道、玉川電鉄、京王、小田急などをつぎつぎ傘下におさめ、そのやり方の強引さで〝強盗慶太〟の異名をとった。（後略）

五島は小林のような〝落ちこぼれサラリーマン〟ではなかった。偶然ながら彼の姓も小林だった。小林慶太であった。東京高等商業学校（現在の一橋大学）を受験したが不合格。郷里の信州上田で代用教員生活をつづけながら翌年には東京高等師範学校をめざし、卒業後は三重県四日市商業学校の英語教師として赴任。が、一年半教鞭をとっただけで「田舎教師ではつまらん。最高学府を出てから世の中と勝負したい」と、東京へもどってきて東京帝国大学法科の〝狭き門〟をくぐった。

帝大卒業と同時に農商務省嘱託になり、女子学習院出の才媛と結婚、彼女のほうの五島家を継ぐことにして小林慶太が五島慶太に変じた。鉄道院へ転じて高等官待遇に昇進、このころから〝強盗〟の片鱗を見せはじめた。このままでは自分が万年課長心得で終わらなければならないかもしれないあせりから、上司を転出させる〝クーデター〟を起こした。空席になるその上司の椅子に自分がすわりたくてであり、局長や課長を鉄道院から逓信省のほうへ栄転させる運動を同僚たちとおこなったのだ。

上役たちを追放したとなると由々しき問題だが、彼らを本省へ昇格移動させる運動をやったのだから感謝された。そして、計画どおり五島は空席になった課長のデスクを占領した。

が、待遇は依然として課長心得である。不満でならない彼は、次官や局長に提出するさいの稟議《りんぎ》書には「課長心得」の欄に認印をおさなければならないのに、いちいち「心得」の二字に赤鉛筆でバッテンをつけてから認印をおした。自分はすでに課長になっておりませす、心得ではありません……という意味の暗黙の催促であり、デモンストレーションだった。

くる日もくる日も執念深くそうやったのが効を奏して、五島は総務課長の辞令をうばいとった。昭和二〇年まで存続した「地方鉄道法」は彼がこしらえたものだ。ところが、たんに自分でも理解しがたい〝異変〟が起こった。課長昇格がうれしくないばかりか、八年間の官吏生活に漠然とした虚しさをおぼえ、彼は一変した。いうなればある日突然〝男の転機〟を迎えたのだ。

「そもそも官僚というものは、人生のもっとも盛んな期間を役所で一生けんめいに働いて、ようやく完成の域に達するころには、もはや従来の仕事から離れて(退職して)しまわなければならない。若いころから自分の心にかなった事業をおこしてこれを育てあげ、年老いてその成果をたのしむことのできる実業界に比較すれば、いかにもつまらないものだ」

胸中にこのような〝男の一生〟を見つめる思いが去来したのであり、その結果、決然として「大正九年辞職、武蔵電鉄常務となり電鉄業界に入った」わけだ。当時にかぎらず現代においてもそうだが、天下りする場合はべつとして高級官僚だったのが裸一貫となり、海のものとも山のものともわからぬ民間企業に入るのは、並々ならぬ勇気を要することであろう。

## 五島慶太に授けた事業成功の五つの秘訣

これ以来、五島は小林一三の〝弟子〟になった……そのいきさつについては後述するとして、このころには〝落ちこぼれサラリーマン〟だったはずの小林は、関西において阪急電鉄経営に成功しており、小林のすすめで目黒――蒲田間の目黒蒲田電鉄建設を担当することになった五島に、小林流の五つのユニークな「事業成功の秘訣」を授けた。

「その第一は、事業は大衆を相手にした事業でなくては成功しない。知識人相手の品よい商売など微々たるものだ」

「第二は、つねに事業は一年（一歩）先を目標に計画を立てよ。百年（百歩）先を見る人は狂人にされてしまう。五十年（五十歩）先を見る人は犠牲者になる。一年先を見る人のみが成功する」

「第三は、電鉄を敷いてもそのまま放置しておいては、沿線は発展しない。停車場を中心にして区画整理をおこない、人工的に人口の増加をはかるのでなければ、沿線の賑わいは期しがたい」

「第四には、鉄道沿線の居住者が、その沿線に住むことを、一つの誇りと考えるように電鉄経営をなすべし」

「第五は、人間はつねに貸し方にまわれ。事業経営にあたっても、銀行には借金しても、ある程度の預金をしておくべし」

五島にとっては、これら小林流五つの教訓は、一本のレールのようなものであった。〝強盗慶太〟の異名をとる〝電車〟がその軌道を、持前の馬力で驀進するのだった。彼自身、自分の事業のすべては小林の亜流であるのを隠そうとしないばかりか、むしろ無二の勲章にしたくらいである。

小林のこの「事業成功の秘訣」は、東武鉄道の根津嘉一郎、西武鉄道の堤康次郎など全国の私鉄経営者たちの〝バイブル〟にもなっていった。例えばターミナルデパートである東武百貨店や西武百貨店、あるいは東武動物園や西武園なども小林流「第三の秘訣」の実現だし、東急の五島昇、西武の堤義明といえどもその経営の〝原点〟を小林においていた。彼らはよく「21世紀」を論じたり、「未来経済戦略」を口にしたりしていた。しかしながら「百年先を見る狂人」や「五十年先を見る犠牲者」になる愚は避けていたのだ。

五島慶太が唯一、小林に自慢できるものがあった。それは「学園誘致」による沿線の発展を手がけたことだ。五島は慶応大学をはじめ各種学校を東急沿線に誘致しているが、小林の阪急沿線にはそれだけはなかったのである。

# 二章

# 失敗の体験を活かし、大きな飛躍を！

## ② 失恋、失敗も貴重な経験

●それが悲哀の失恋であろうと、入社試験の悔しい失敗であろうと、その人にとって貴重な経験であることに変わりはない。いつかはそれらの経験を活かしてこそ、次の大きな経験と飛躍が得られる

## 恋愛小説を書く文学青年

明治二三年春、東京三田の福澤諭吉の慶応義塾に在学中の小林一三は、一七歳で『練絲《れんし》痕《こん》』と題する恋愛小説を書き、ペンネームを用いて郷里甲府の山梨日日新聞に連載した。

実際に東京で発生した「米人宣教師殺し」をからませて、名作『曽根崎心中』や『女殺し油地獄』の近松門左衛門を気取って執筆したのだろう。「一七歳にしてはマセすぎている」との投書が新聞社に寄せられたが、とにかく小林は、将来は小説家で一本立ちしたい文学青年だった。それに楚々とした美女と出会うと、何もかもほったらかしにして彼女についで行きたくなる……たいへんに迷惑なロマンチストであった。

小林より二歳年下の、のちに小林のよき〝相棒〟となる松永安左衛門（長崎県壱岐《いき》出身）などは、塾頭の福澤諭吉が日課にしている朝の散歩にぞろぞろお供して、歩きながらの講義や人生訓を拝聴するのが愉しみだった。それでいて夜中には、福澤家の裏庭で飼っているニワトリを失敬してきては絞め殺し、寮生仲間とトリ鍋にして食ってしまう、そんなバンカラな一面もあった。

小林も朝の散歩にはお供するが、塾頭の訓話など聴いていない。うわのそらで小説のことを考えている。耽美的なラブシーンをどのように描写すべきか腐心している。そして三田から芝、ときには日比谷まで足をのばすその散歩の途中、花もはじらうばかりの淑女がすれ違ったりすると、福澤の周りからスーッといなくなってしまうのである。

まさに軟派学生だが、尾行してその女性をどうこうしようという魂胆はない。自分と彼女を小説の主人公にして、いろいろと空想してみるのだ。

だから小林は、卒業時に「小説家になるには新聞社に勤めるのが一番の早道だよ」と教えられ、都《みやこ》新聞（現在の東京新聞）に応募した。が、哀れにも不採用。銀行マンにはなる気はなかったが、働かねば食えないから仕方なしに三井銀行に就職した。


以前の慶応義塾は「三菱財閥のための幹部社員養成学校」と見なされていた。福澤もそのつもりで卒業生の多くを、岩崎弥太郎の郵便汽船三菱に推挙した。福澤と岩崎は反長州閥の同志であり、三菱派の政治家大隈重信とも懇意にしており、大隈・岩崎・福澤トリオで貿易業をやったりした時期もあるのだ。福澤の慶応義塾に刺激されて大隈は、早稲田大学を創学している。長州閥は三菱のライバルである三井財閥を支援していた。

ところが、複雑怪奇の「明治一四年の政変」で大隈が失脚すると、福澤の三菱ばなれがはじまる。そんな福澤を岩崎も嫌うようになる。福澤の甥である中上川彦次郎が、三井財閥の近代化をはかる目的で三井銀行に迎えられた明治二四年を境として、「慶応義塾は三井の幹部社員養成機関に転じた」と世間は見るようになった。中上川が「近代化改革要員」として有能な学卒者らを、つぎつぎと三井に引っぱり込むからである。

事実、三井マンになる慶應義塾大学卒は多い。現代でもそうである。ことに三越などは、慶応閥でかためている観がある。三井系の芝浦製作所（現在の東芝）の再建や王子製紙乗っ取りで活躍し、大日本製糖社長になった藤山雷太。鐘淵紡績（現在のカネボウ）を大躍進させた武藤山治。日銀総裁から財界の巨頭になった池田成彬《しげあき》。〝製紙王〟として君臨した藤原銀次郎。三越を呉服店からデパートにした高橋義雄と日比翁助……これらも中上川が三井入りさせた福澤諭吉の教え子たちである。

## 小林一三も初めは落ちこぼれサラリーマンだった

前述のように、仕方なしに小林一三が三井入りしたのは明治二六年、二〇歳の春である。当然、彼も努力型で先輩の藤山雷太、武藤山治、藤原銀次郎らに負けず劣らずの働きをしてくれる……そのような人材になると信じて中上川は採用したのだ。ところがどっこい、眼鏡違いもはなはだしい。カスをつかんだも同然であった。

採用になったのに小林は、三井銀行本店がある神田駿河町の三井組ハウスに姿を現さなかった。山梨県韮崎《にらさき》の絹問屋……実家である「布屋」に帰ったばかりではない、友人に誘われて熱海温泉へふらりと遊びに出かけた。その友人のところには外人の男のほか、絶世の美女が東京からきていた。英語もペラペラであった。洋装がよく似合っている。例のビヨーキが出てたちまち小林は、蠱惑的な瞳の彼女にぽーっとなってしまった。なおさら三井銀行のことなどどうでもよくなり、幾日でも滞在して、二歳年上の彼女と何とか親密になりたくて仕方がない。

みんなで梅林を散歩した機会に、小林は文学青年であることを告げた。

「まあ、あたし小説家って好きよ。どんな作品？　すばらしい恋愛小説かしら」

と興味を示しながら、つぶらな瞳で見つめ返してくれる……と思いきや、あたりかまわず彼女はけたたましく笑い出して、彼の男ごころを見抜いているかのごとく、残酷にこう言うではないか。

「小林さん、あなた駄目よ、そんなにチョコチョコ歩いては」

あたしはあの外人さんのようにすらりとした男性が好き、あなたのようにチョコチョコとせわしなく歩くチビは嫌いなの……と肘鉄砲をくらわせたのにひとしい。ひどい侮辱である。

それでも彼は諦められなかった。温泉は男女混浴だったので、彼女が入りにくるにちがいない朝と夕方には、先にいって岩風呂に首までつかっていた。のぼせそうになっても我慢していると、入ってきた彼女の白い裸身が、人魚のようにゆれて一椀の雪のような乳房が浮かんだ。と思ったら首までつかっている二メートル先の小林に気づき、キャーッと悲鳴をあげて飛び出していった。茫然となっている彼の網膜に、ぷるんぷるんゆれる白い尻が灼きついた。

翌日、彼女の姿はなかった。小林が知らぬまに帰京していた。胸苦しくなるような悩ましいラブシーンを夢想しながら小林は上京した。高級住宅地の上二番町に住んでいると聴いた彼女の、その家を捜した。表札を捜し当てると、門前を行きつ戻りつした。毎日かよってみたが、外国へいってしまったのか、彼女に再会することはできなかった。

後年、小林が阪急電鉄の終着駅宝塚に宝塚少女歌劇を創設、美女たちのラインダンスに目を細めたとき、彼の瞼の内側では若き日の、えも言われず美しいあの白い尻が、ぷるんぷるんと弾み揺れていたのではないか。

「それが悲哀の失恋であろうと、入社試験の悔しい失敗であろうと、その人にとって貴重な経験であることに変わりはない。いつかはそれらの経験を活かしてこそ、次の大きな経験と飛躍が得られる」

と本人は述懐しているくらいだから。

そんなふうだから三井銀行に初出勤したときの小林は、「なんだおまえは⁉」という顔をされた。例えば東京高等商業学校を卒業して三井物産船舶部に採用になり、のちに独立して〝船成金〟になった内田信也（吉田茂内閣の農林大臣）などは、初出勤の朝はまっさきに出社して出勤簿にハンコをおし、これもサラリーマン戦陣訓の第一条としたものだ。それが新入社員の心得なのに、小林は三か月間も音信不通にしていて、思い出したみたいにふらりと出社したのだから、その日から〝ダメ社員〟扱いにされた。

身分は一〇等席、秘書課勤務、サラリーが一三円であった。食パン一斤が六銭、米一升六銭七厘、理髪代四銭、清酒一升一五銭のころだ。仕事は中上川副長の走り使いだった。慶応義塾が三菱の幹部社員養成学校から三井のそれに変わったこと。中上川によって社内機構がどしどし改革されていること。中上川が「三井銀行使用人給料規則」を定め、これが日本のサラリーマンの給与体系になったこと……などにはまったく関心がなく、仕事にも身が入らず、ぼんやり窓外を眺めている日が多い。何をやらせても打てばひびくところがなく、不器用である。

やがて「小林は小説を書いている」事実が社内に知れわたると「それじゃなおさらダメ社員だ。三文文士なんか使いものにならん」ということになり、スタートからしてファイトも事務能力もない〝落ちこぼれサラリーマン〟にされたのだった。

小説や戯曲を書くようなのが有能なビジネスマンになれるわけない……ことは昔も現代も変わりない。文学にとり憑かれてしまうと、執務中でも小説のことしか考えない。自尊心がつよくて、たんにサラリーを得るためにのみ会社勤めをしている連中とは違うんだ、おれは芸術家なのだ、という別格意識で周りを見てしまう……ことは筆者自身も若いころ経験しているし、「課長に出世するよりも一編の不滅の傑作を書くほうが大事」なのであり、「妻子を飢えさせるのは、小説家としてはあたり前のこと」にもなってしまいがちだ。当時、島崎藤村や国木田独歩が新進作家だったが、彼らとて生活は赤貧洗うがごとしで、小林はむしろ自分もそうでありたいのだった。

# 三章

# 女性のための女性の商品化
## 《華麗な宝塚歌劇》

## ③ 少女たちが一度は夢みる夢芝居

●女性にとっての、最高の男性美を見せてくれる〝男〟がいてもいいではないか

## 本店勤務から大阪支店へ左遷

本店秘書課には半年間とおいてもらえず、ほおり出されて大阪支店勤務を命ぜられた。

大阪支店長の高橋義雄は慶応義塾の先輩、たいそうな伊達男であった。自費でアメリカ、イギリスへ渡り経済界を勉強してきて、師の福澤諭吉の『西洋事情』の向こうを張って『欧米経済事情』を出版した経歴がある。だから小林は、文芸にも理解ある人だろうと期待したのだが、そうでもなくて彼自身の『逸翁自叙伝』（阪急電鉄刊）によれば、

「銀行に出勤する（高橋の）平素の服装は和服で、折鶴三つ紋黒縮緬の羽織といった、役者のような美男子であった。毎朝手紙ばかり書いて居った。高橋支店長の仕事は、銀行のことよりも、大阪経済界の情勢を東京に速報することと、花街の交遊に消閑されることであった」

という。大阪は小林にとっては〝仮住い〟にすぎなかった。

実は、中上川彦次郎は三井入りする以前、民営の山陽鉄道社長で神戸に住んでいた。独断専行の鉄道建設をすすめるため、出資者である関西財界人たちに嫌われた。不屈の理想家である中上川は将来性を考慮しながら、巨額の建設費がかかろうともかまわぬ姿勢である。アメリカから中古品の機関車を安く買ってきて単線で走らせればいい、とするそれら

出資者に対して、彼は新鋭の機関車と複々線にしなければ……の計画を変更しないものだから、とうとう株主総会は蜂の巣をつついたみたいになった。中上川は退陣を余儀なくされ、東京へもどって三井入りした。それ以来、彼は徹底してアンチ大阪になってしまい、「大阪商人と聞いただけでヘドが出る」と顔をしかめた。

が、三井の実質的経営者であるいまは、顔をしかめて素っぽ向いてばかりもいられない。三井銀行大阪支店を拠点として逆に、関西財界に殴り込みをかけるべきときである。大いに敵方の情報を収集する必要もある、ということで中上川は片腕の高橋義雄を〝三井の関西探題〟にしているのだった。「花街の交遊に消閑」するのも情報収集のためであり、そうした重大任務を帯びている高橋とすれば、転勤になってきた三文文士の小林なんかに、いちいち目をかけてやってはいられないのだ。

小林の〝仮住い〟意識はますます強まる。

〈三井マンでいるのは文壇に出るまでだ。一時の腰掛なんだ。適当に働いてればいい〉

と自分に言い、どういう新しい小説が世に飛び出してくるか、それだけが気が気でなく眼はいつも東京のほうへ——中央文壇にのみ向けられていた。

明治二七年八月、日本にとって最初の近代戦争である日清戦争が勃発した。興亡を賭けた国難であった。天皇の大本営が広島へ進出。その広島まで開通したばかりの山陽鉄道を毎日、軍用列車が西へ走った。西郷隆盛の西南戦争（明治一〇年）のときと同様、大阪が兵站基地となり軍需景気が到来した。

三井銀行大阪支店は、戦費のための官金取扱いに忙殺された。抵当係だった小林までが駆り出され、広島支店への現金輸送に従事させられた。山陽鉄道の客車に乗り、大きな柳行李に詰めた数十万円の札束を運ぶのだ。そうと知って強盗の群れが襲ってくるかもしれない。一瞬の油断も許されないし、柳行李を強奪された上に命もとられるかもしれないのに、小柄な文学青年の小林は車中も読書ばかりしている、頼りにならぬガードマンである。

一時の腰掛のつもりが、こんな命がけの仕事までやらされてはたまらない。ヤケくそになって小林は、夜な夜な大阪の盛り場でお茶屋遊びをしたり、芝居見物でウサをはらしたりするようになった。そんな〝仮住い〟の大阪で一つだけ、興味をそそられるものがあった。

「愛妾を持つのは男の甲斐性だ」

と、公然と容認されている点だ。大阪商人たちは南地五花街の好みの美妓たちを、妾宅に囲っており、正妻もそれを当然のごとく認めているのである。正妻ばかりではない、世

間も銀行も感心して、

「さいだっか、あの人も南地芸者を落籍《ひか》しはったんか。ようやっと一人前にならはったなあ。ぎょうさん儲からはったんやろ」

と羨やむ。商売が繁盛していればこそ妾宅もできるわけで、銀行はすすんで金を貸す。「芸者に儲けを入れあげるような男は信用できん」とする東京とは逆なところが、小林にはおもしろいのであった。

高橋支店長に対しても、彼は一つだけ感心した点があった。男女差別が徹底していた当時、女子行員や女子事務員を雇っている銀行や官庁は全国どこにもなく、高橋が「看護婦や電話交換手にとどまらず、女性にだってお金を扱わせる仕事をさせてもいいのではないか」と主張、同店に一〇名ほど採用して話題をまいたのだ。ＯＬの誕生である。

「いい意味で女性を商品にする。夢がある」

このことを小林は、少女歌劇などまだ思いうかばず、漠然とながら学んだのであった。

昭和九年、六一歳の小林は東京宝塚劇場をオープンして宝塚少女歌劇を進出させたとき、前出の松永安左衛門が少女趣味的なそれを笑い、

「そんなものは一時の流行だよ、すぐに飽きられるぞ」

と直言したのに対して、

「星の王子さまとのロマンチックな恋を夢みる一〇代の少女たちが、この世からいなくなることはないね。彼女たちも二〇代になれば大人の恋をしてヅカガールなど見向きもしなくなるだろうが、一〇代の少女は毎年、小学生から女学生へとひとりでに育ってくる。少女歌劇は彼女たちが一度は夢みるファンタスティックな夢芝居なんだ。だから人類が不滅である以上、宝塚少女歌劇は栄えるさ」

自信たっぷりに答えた。これが彼の「女性のための女性の商品化」なのであり、最初から大衆全般によろこばれる事業をめざすより、まずは一つの年代層をしっかりキャッチする事業を創業すべきだ、というのだった。

〝男装の麗人〟を登場させたときも小林は、

「歌舞伎の女形は、男性にとって最高に色気のある〝女〟だ。同じように女性にとっての、最高の男性美を見せてくれる〝男〟がいてもいいではないか」

と語っている。男性の職場に女性が進出し、女性の職域に男性が入っていく……そういう時代は遠からずやってくる、と観測していたのでもある。

## 岩下清周との運命的な出会い

高橋は日清戦争の戦勝景気に日本じゅうが湧きかえっていた二八年九月、三井呉服店（現在の三越）への転勤辞令が出て東京に帰っていった。自分だけが赦免状がないため流刑の島においていかれる今様俊寛《いまようしゅんかん》……そんな思いで小林は高橋を見送った。

後任の支店長として下阪してきたのは、おそろしく〝硬派〟の岩下清周であった。彼との運命の出会いが小林一三の人生を大きく変えていくことになろうとは、もちろん当人も意識したわけではない。

小林より十六歳年長の岩下は長野県松代の貧乏士族の出。東京は築地の英学塾（立教大学の前身）に学び、三井物産に就職した。

三井物産は三井組が、資本金二〇〇万円の三井銀行を設立した明治九年、同時に創業させた。ただし「三井」の看板を貸しただけで一銭も出資していない無資本会社であり、日本橋坂本町の古めかしい土蔵が本社の、この〝まま子〟扱いの物産をわずか一六名の社員とともに盛り立てていったのが益田孝だ。いうなれば今日の「世界の三井物産」の基礎を築いた功労者である。彼は、徳川幕府の函館奉行所役人の子で、一六歳のときフランス特使派遣団の一員に選ばれて、ナポレオン三世時代のパリに滞在した経歴がある。

物産の主要取扱品は石炭と綿糸であり、岩下清周はニューヨーク支店長、パリ支店長を歴任した。ところが頑固一徹、個性のつよい彼は益田と衝突。辞表をたたきつけ、改めて中上川に拾ってもらって三井銀行に再就職し、本店副支配人を務めてのち、高橋の後任として派遣されたのだった。物産をやめて同じ三井の銀行のほうへ移るなんて、優柔不断の小林には考えられない図々しい行動である。

日清戦争の戦費調達のため政府が発行した八〇〇〇万円の軍事公債を、三井も大量に買わされた。それらは主として三井銀行大阪支店が保管していて、着任してまもない岩下が、

「むかしの千両箱を知っているか、ぼくはもっとでかい百万両箱をつくるつもりだ」

と言って、二二歳の小林を驚嘆させた。そんなもの何に使うのだろうと思っていると、岩下は実際に鉄製の頑丈なそれを三個も製作させ、その中に軍事公債の束を密封したのであり、

〈この人、大きなことをやりそうだなあ。だけど失敗するかもしれない〉

それが小林が抱いた第一印象だった。

某日、庶務係にまわされていた小林が、高麗橋にある支店長社宅に呼びつけられた。高

橋が住んでいたころからここの座敷には、抵当流れの書画骨董が飾ってあった。三井銀行の抵当物件になるくらいだから、どれも安物ではない。それらを岩下は、ことごとく銀行の倉庫にほおり込んでしまえという。

「どれもみごとなものですが、支店長のお気に召さないんですね？」

不思議がる小林に、

「ぼくにとってここは仮住いだから、こういう装飾品などいらんのだ。寝起きできるだけで充分だ」

がらくたを見るがごとく答えるではないか。仮住い……と耳にして小林は飛びあがりたいほどであった。思わず笑顔になった。

岩下支店長にも「ここは仮住いだ、一時の腰掛だ、いずれ東京にもどるのだから」の気持ちがあるのが、彼としてはたまらなくうれしかったのだ。

しかし、それが早合点だったことに気づくときが、間もなくやってくるのである。

# 四章

# つねに自分を変化させるべきである

## 4

# 映像文化時代を実現——東宝映画を創立

●送り手集団（映画資本）は民衆の集団的願望を満たすために、つねに自分を変化させていかなければならない

## 無名の銀行マンで終わる焦燥感、不安感がつのる

小林一三は、好きで好きでたまらない女性に対してさえ〝仮住い〟意識があった。

俳諧の宗匠の養女で丹沢コウという、一五歳の愛人ができていた。明治二九年、小林が二三歳のときであり、彼女のことを「ういういしき丸髷を紫縮緬のお高祖頭巾に包んで、外出するときは昔風の浮世絵を見るように愛らしかった」と書いている。どうやら浮世絵師が好んで描いた、はじらいを全身で表現しているような純日本風の娘である。

それなのに彼には、この貞淑な美少女を終生の伴侶にする気はなかった。〈文士になって名作を書くために、いずれは東京にもどらねば〉の夢があるし、彼女と結婚して子供ができれば、大阪にうずもれた一介の銀行マンで終わる……そんな焦燥感やら不安感があるのだった。

さりとて愛くるしい彼女と別れる決心はつかない。大阪商人のように妾宅に囲っておくというわけにもいかない。逢わないでいると狂いたくなるほど恋しくなり、逢っていると純真な彼女がかわいそうになり……往きつ戻りつのそのくり返しであった。

その間に三井銀行大阪支店内は、おかしなことになりつつあった。

前述のように岩下清周にとっての中上川彦次郎は、三井銀行に拾ってくれた恩人であるはずだし、彼を信頼して高橋義雄の後任に据えたのに、その中上川に弓をひきはじめたのだ。彼は「役者のような美男子」の高橋とは異なり、本店の彦次郎に毎日手紙を書くようなことはやらない。高橋は全国の銀行にさきがけて妙齢の女子行員たちを採用したが、岩下のほうは野武士のごとく剛直、仕事一本の男ときている。が、それが必ずしも三井のためになっているというわけではない。

取引先を拡張するとの名目で、本店が貸出しを厳重に制限しているのも無視して、平気で巨額融資をやる。戦勝景気が去り、戦後不況が襲来しているというのにそうであるため、中上川が電報でしばしば叱りつけるが、それも握りつぶしてしまう。

「岩下君は何様のつもりだ。信頼して関西をまかせたのに、やりすぎて何をしでかすかわかったもんじゃない」

と中上川は案じて〝目付〟として腹心の、上柳清助と池田成彬《しげあき》を送り込んだ。池田は中上川の女婿、のちの財界の巨頭である。

それでも岩下は黙殺して、

「本店の連中ときたら、エゴイストで経済界を育成しようとはせん守銭奴ばかりだ。三井の将来より日本経済がどうなるかを考えるべきだ」

と暗に中上川を批判しつつ、独断でどしどし融資する。そうかと思うと一方では親分肌なところを見せて、日本銀行本店から〝集団脱走〟してきた東大派の鶴巻定吉、町田忠治、渡辺千代三郎らの面倒もみた。

独裁者といわれた日銀総裁川田小一郎と、その懐刀である三菱出身の山本達雄を毛嫌いして、東大出身の彼らは反旗をひるがえしたのであり、岩下の世話になって大阪に根をおろすことができたおかげで、のちに鶴巻は大阪市長に、渡辺は大阪瓦斯社長になって頂点を極めた。町田は山口銀行総理事から農林・商工・大蔵大臣を歴任、昭和二〇年の敗戦後には日本進歩党総裁に据えられて激動の政界で活躍するようになる。

川田は激怒した。つまり、日銀総裁の逆鱗にふれることは、実業界のだれもがやれない時代に、岩下は敢然としてやってのけたのであり、大正時代に本格的政党内閣を実現して〝平民宰相〟といわれる存在になる原敬を、大阪毎日新聞社長に推挙した（明治三〇年）のも彼で、要するに権力主義に対しては損するとわかっていても敢然と抵抗したくなる男なのだ。

そんな気風のよさがまた、中央財界をねたんでいる関西財界人たちをうれしがらせ、岩下人気は絶大になりつつあり、

「銀行は産業界に活を入れるためにある。そうしてこそ銀行の存在価値がある。私利私欲に走らず、少しは欧米の金融界を見習うべきだ。その爪のアカを煎じて飲めば、日本の銀行の黄金虫《こがねむし》たちの顔付も、少しはましなものになるだろう」

と岩下が言えば、〝関西の渋沢栄一〟といわれる藤田組の藤田伝三郎、第百三十銀行の松本重太郎も拍手喝采する。藤田は長州士族で、勤皇志士高杉晋作の「奇兵隊」の生き残りだ。伊藤博文、井上馨、山県有朋らをバックにしており、かつての山陽鉄道社長だった中上川を引きずりおろし、退陣に追い込んだのも彼であった。

もう一つ、重大事件が発生していた。

中上川が神戸市和田岬に〝落下傘部隊〟を降下させた。〝奇襲〟であった。三井傘下の鐘淵紡績兵庫工場を新設させたのだ。据付錘数四万錘、従業員三〇〇〇人の大工場であり、支配人として三井銀行神戸支店長の武藤山治を派遣した。

これには藤田・松本が経営する大阪紡績をはじめとする中央綿糸同盟会に加盟している

同業二五社はうろたえた。しかも鐘紡が、高い給金で熟練工や女工たちをごっそりスカウトするため、稼動できなくなっていく。

憤怒した藤田伝三郎が決議した。

「鐘紡と取引のある商人どもは、今後いっさいの商売を拒絶する」

鐘紡に出入りしている幾多の業者は、同盟会二五社とも古くからそれぞれに取引がある。人的なつながりもある。それらをきっぱり遮断してしまうことで、鐘紡を〝兵糧攻め〟にする作戦なのだ。

これに対して中上川彦次郎は、三井銀行が大阪の群小の私営銀行に貸付けている、それを全面的にストップさせる姿勢に出た。それら普通銀行が営業活動をつづけている限り、同盟傘下の紡績会社はしぶとく生きつづけると見たからで、いうなれば〝伝家の宝刀〟を抜き放とうとしたのだった。

現地では女工たちを引っこ抜かれまいとしての、暴力団をくり出しての血なまぐさい抗争にまで発展した。市街戦が頻発。武藤山治を闇討ちにしてきたものには賞金を出す、とも言われてなおさら殺気立ち、『東洋紡百年史』（昭和六一年刊）には、

「中央同盟会側は職工誘拐防止や職工引きもどしをはかり、ついには鐘紡と同盟会との乱

闘騒ぎまで生じるに至った」
と明記してある。

## もう小説を読む時代ではない、映像文化の時代だ

こうした緊急事態――中上川に対する岩下の〝反乱〟や鐘紡対中央綿糸同盟会の〝戦争〟中、小林一三はどうしていたのか。

彼は当世のノンポリ学生みたいだった。中上川派に片寄るでもなく岩下派を支持するでもなく、美少女コウをつれて神戸へ遊びにいったりしていた。大阪支店内では両派が、はっきりと色分けされるまでになっていた。どちらにも属さぬ中立でいるほうが無難だ、天王山洞が峠の筒井順慶になっておこう……と天秤にかけたわけではなく、〝仮住い〟の自分にはどちらがどうなろうと関わりないことにしているのだった。

国際色がますます豊かになりつつある港町神戸では、人物や乗物がチャカチャカと動く白黒写真――活動写真を観ることができた。神戸のリネル商会が、エジソン発明のキネトスコープ二台とフイルム一〇本を直輸入し、神港倶楽部において公開興行をおこなっていたのである。

いうなればこれが本邦最初の映画興行であり、新時代の娯楽文化の到来であり、その人気はすさまじかった。東京からも皇族をはじめブルジョワ階級が急行列車でおしかけてきて、動く写真の不思議さに驚嘆するばかりだった。小林も暗いなかで、美少女の撫で肩をそーっと抱きながらスクリーンを見つめ、

〈恋愛小説を、眼で見る活動大写真にできないものかなぁ〉

と思った。彼は映像文化の時代を空想したのである。

すでにフランスやイタリアでは舞台劇をそっくりフイルムにして大衆に観賞させており、大衆娯楽としての映画を重視した小林が「近代都市の繁華街を形成するのはデパートと映画館である」として、とくにビジネスセンターがある有楽町駅、地下鉄銀座駅で乗降するサラリーマン層をねらい、東宝系の映画館群――日比谷アミューズメントセンターをこしらえたのは、前出の東京宝塚劇場竣工と前後してだった。これに対抗して松竹は築地に同じような娯楽ゾーンを設けたが、小林のアミューズメントセンターの構想は神戸で活動大写真を観たときから芽ばえていたのだった。

東宝映画を創立（昭和一二年）したさい、小林はこう言っている。

「送り手集団（映画資本）は民衆の集団的願望を満たすために、つねに自分を変化させて

いかなければならない」

　大衆娯楽商品としての映画は、製作者の独善であってはならない、観客とのバランスを考えよ、というのであり、日活がチャンバラ、松竹が恋愛物をくり返し量産していたのに対し、東宝初期作品の高峰秀子主演『綴方教室』、李香蘭主演『白蘭の歌』などの文芸物路線が大ヒットしたのも小林イズムがあればこそだった。

　ところが活動大写真しかなかった当時、岩下が冷やかな眼で小林を見ながら、こう言ったことがあった。

「どうだ、現実は小説本を読んでいるよりスリリングでおもしろいだろう。世の中のことが、へなちょこ文士が書いた芝居や小説みたいになっていたら、苦労はないわな」

　文芸なんぞは女子供のためにある他愛ないものだ。そうと割りきって筆を棄て、男なら現実と向かい合え。現実から逃げるな。わたしが恩人の中上川さんになぜ反抗するか。反抗するわたしを堂々と完膚なきまでに批判してみろ……言外にそうほのめかしているのである。

　それに対して小林は、こう答えた。

「はあ……もう小説を読む時代ではないかもしれません。現実をカメラで写してみせる活動大写真に、庶民は魅了されるでしょう。活動写真は無限の可能性がある仕事になるように思えます」

答えにはなっていなかった。ノンポリ学生みたいな彼にはまだ、岩下の言わんとしていることが呑み込めないのだった。岩下は眼をギラギラ光らせたまま、口ひげをうごめかせて苦笑した。しかし、呑み込めないながらも小林は少しずつ、

〈頑固一徹ながら自分を変化させている、その岩下さんの魅力とは何だろう。東京から鶴巻定吉氏や渡辺千代三郎氏らが脱走して頼ってきた。関西財界の藤田伝三郎氏や松本重太郎氏が絶讃するばかりでなく、三井物産大阪支店の山本条太郎氏、安川雄之助氏らも感服しているらしい。井上馨伯爵の秘書だった原敬さんも一目おいて、毎日新聞社長になるのを承知するらしい。おれも魅力ある人間になれるだろうか。自分を変化させうるだろうか。岩下さんのように各界に人脈を持てるようになれないものか〉

そのように考えてみるのだった。こんな現実のドラマを活動写真にしてみたい、とも思った。

しかし、時すでに遅し、岩下自身が三井銀行から去りゆく日がきた。

# 五章

# 勝負すべきときは、敢然と勝負せよ！

5

〝師〟岩下に学ぶ

●バカでは困るが、利口すぎてもいけない。利口なのが利口ぶっているのは、たいしたことではない。バカが利口ぶるのは始末がわるい。何よりもこわいのは、利口なのにバカぶっている……こういう手合だよ

## 岩下が退職、北浜銀行設立に奔走

突如として中上川副長が岩下に対し、一刀両断にするかのごとく「横浜支店への転勤を命ず」を発令した。もちろん左遷である。

が、みごとな返し技をくらったのは中上川のほうであった。従順に手荷物をまとめて横浜へ移っていくかに見えた岩下清周は、転勤辞令を受けとるのと引き換えに、あざ笑うかのごとく東京の中上川に退職届を送りつけ、電光石火の早業で関西証券界の金融機関である、資本金三〇〇万円の北浜銀行設立に奔走しはじめたのだった。

その背後にいたのが藤田伝三郎、松本重太郎らであった。神戸の川崎造船所（現在の川崎重工業）の松方幸次郎（薩摩派の大物政治家松方正義の三男）も支持者であった。すでに岩下は、関西財界の有力者たちとがっちり手を握り合っていたのだ。

三井銀行大阪支店の新支店長には上柳清助が就任した。店内には落ち着かないムードがあった。岩下派とみられていた若い行員の何人かが、やはり連袂《れんべい》辞職するようにして岩下のほうへ走ったためで、「ほかにもまだ岩下派はいる」という眼で見まわし、ヒソヒソ話をし、だれもが疑心暗鬼になっていた。小林は上柳に呼びつけられ、一方的に決断を迫られた。

「きみも北浜銀行に移るんだろう。遠慮はいらんよ、すぐに辞表を書いてきたまえ」

「どうしてわたしが辞表を……？」

「決まってるじゃないか。きみは岩下氏に目をかけてもらっていたんだろう」

「はぁ……いいえ……それほどでも……」

「ありませんと言うのか。しかし、北浜銀行にくるなら貸付課長にしてやる……そう岩下氏が誘っていたそうじゃないか」

「それはたんなるうわさ話です。絶対にそんなことはありません。岩下さんから直接、そう言われたことはないんです」

「とにかく、行くのか行かんのか、態度をはっきりしてもらいたいね。店内が動揺して迷惑なんだ。みんな仕事が手につかんのだよ」

上柳とすれば、小林が岩下派であろうとなかろうと大勢に影響はなく、そんなことはどうでもいい問題なのだ。本音はガタガタしているこの際、ダメ社員の小林に退職してほしいのだった。

が、その本音を察知できない小林は、真剣に考えた。岩下が中上川に退職届を送りつけた……と聞いたとき小林ははっとさせられた。

〈岩下さんが仮住いだから装飾品などいらんと言っていたのは、いずれ東京にもどるという意識があってのことではなかったのか。三井の巨頭といわれる中上川副長に対する、あくなき抵抗を、たとえ三井から追われてもつづける意思の表れだったのだ。そのためなら大阪に永住する覚悟だったのか〉

と気づき、眼がさめたような顔になり、

〈勝負すべきときは損得を抜きにして、敢然と勝負する。どんな現実からも逃避しない、背中は見せない、これが男というものの生き方なのだな〉

そういう逞しい男を身近にし得たことの、幸福感のようなものもひそかに感じていた。

「岩下さん、ぼくもつれていってください。こき使ってください。心を入れかえて立派な銀行マンになってみせます」

と叫びながら、はだしになって追いかけたくなった。その衝動が胸をゆさぶった。

――後年、阪急グループの若い社員たちに小林は、

「バカでは困るが、利口すぎてもいけない。利口なのが利口ぶっているのは、たいしたことではない。バカが利口ぶるのは始末がわるい。何よりもこわいのは、利口なのにバカぶ

っている……こういう手合だよ」

と説教しているが、これまでの岩下に「バカぶっていた利口な人間」のこわさを、ストレートに彼は感じたのでもある。

## 「行くのか、行かんのか」の二者択一を迫られる

が、じかに上柳新支店長に「行くのか行かんのか、態度をはっきりしてもらいたいね」と二者択一を強要されると、いつもの優柔不断の小林にもどってしまい、返答に窮するのだ。自分でも三井銀行に残っていたいのか、こわい岩下を本気で追って北浜銀行へ走りたいのか、皆目わからなくなるのだ。結局、彼は上柳に対して神妙な面もちで、このように誓うしかなかった。

「……ぼくは残らせていただきます。とくに岩下さんに目をかけられていたわけではない、これは事実なんですから。心を新たにして職務に励みます。よろしくお願いします」

上柳は渋い表情を崩さなかった。

「無理するなよ。残っていたって、きみの将来は知れてるよ」

「それでも努力してみるつもりです」

それでいて小林の胸中には、まだ未練があった。岩下に会いにいきたかったが、対面するのは気がひけた。全身がすくみそうであった。ギラギラ光るあの眼でにらみつけられ、「小林君、悪いけどきみは使いものにならんよ。きみは利口ぶっている大馬鹿者だよ」と憫笑されるような気がするからである。

小林は、こうも思いたい。岩下さんは魅力があっていろんな人脈ができているけれども、ほんとうは溺れているわが子さえ助けてやらぬ冷酷な性格ではないのか。おのれのためなら三井も中上川も利用するだけ利用してのち棄ててゆく、そんな徹底した利己主義者でしかない、と。

そして、小林は自分を慰める。

〈北浜銀行へなんか行かないほうがいい。行けば自分も大阪人になるほかない。待てば海路の日和あり、というではないか。おれの最終目標は東京の中央文壇で、まぶしいばかりのスポットライトを浴びることだから〉

しかし……と、再びここで未練がもたげてくる。岩下さんはなぜ声をかけてくれないのだろう。「黙っておれについてこい！」と引っぱってくれない岩下をなじり、半泣きの顔になって小林は、大いに恨んでもみるのだった。辞表は書かされなかったが、事はそれだけでは済まなかった。人事異動がおこなわれ、上柳が小林を貸付係から軽職の預金受付に配置がえした。高橋義雄が採用した女子行員と机をならべて同じ仕事をするのであり、銀行業務の第一線からおろされたわけで、だれが見てもひどい差別である。弱いものいじめの侮辱である。あきらかに岩下清周への当てつけである。これで小林の肩身はいっそう狭くなった。

〈女子行員たちまでが嘲って、左遷されたおれを軽視している〉

そう妄想するとさすがの小林も、涙を拭きふき行動をおこさずにはいられなかった。「もう少し待っていれば、必ずあるかもしれない」と期待していた岩下からのお呼びもかからない。かくなる上は美少女コウともいさぎよく別れて、振り返りもせず東京へ引きあげることにしたのであり、前出の『逸翁自叙伝』はこう記述している。

「これを機会に、その生活を一変したい慾望が盛んであった。この際、むしろ大阪を離れて、私自身の建て直しに猛進するのが、正しいゆく道であると決心したのである。私は東京本店に帰って、文学青年的恋愛生活を洗い清めようとしたのである」

新橋駅におりたその足で、賑わっている三越呉服店に理事の高橋義雄をたずねた。もう大阪にはいる気がしません、息が詰まりそうです、三井銀行本店に呼びもどしてくださいと哀訴したのである。

「きみッ、いちいち社員のわがままを聞いてやっていたら、日本一の三井財閥はどうなると思うんだ。勤めは遊びじゃないんだ！」

美男子の高橋が形相を変えて一喝した。

小林の両頰を涙が伝っていた。サラリーマンになってはじめて、他人の前で流す涙であった。

大阪支店よりランクが一つ下の名古屋支店勤務にされた。明治三一年一月下旬、小林はひとり悄然と名古屋駅におり立った。二四歳になっていた。名古屋支店には一人の知己もなく、出迎えにきてくれる人もいなかった。名古屋城の天守閣をぼんやり眺めた。豊臣秀吉は草履とりから出世して天下を取った人だったなあ、と呟いた。

支店長の平賀敏は、宮内省にも勤めた経歴のある慶応義塾出の先輩であった。やはり中上川彦次郎が「改革要員」としてスカウトした人材であり、小林はこの平賀からとんでもない仕事をおしつけられた。

# 六章

# 迷走と逡巡を断つ！

⑥

## 女道楽の教訓

●おのれの下半身の始末に他人の知恵を借りるのは、その道の恥である

## 名古屋支店へ転勤、探偵仕事を命じられる！

小林が転勤してくる少し前に、名古屋支店では奇々怪々の事件が起こった。同店の金庫内に厳重に保管してあった軍事公債の数万円分が、いつのまにやら紛失してしまっていた。鍵は金庫課長しか持っていないのにどうしたことか。恥にはなるが、警察へ通報するしかなかった。刑事たちがやってきた。行員の一人ひとりが取り調べられた。しかし、不審なものはいない。外部から侵入した形跡もない。

ところが、犯人の目星もつかない翌日、紛失した軍事公債はそっくり、もとどおりに金庫内におさまっていた。しかも、こんどはその公債と同額分の現ナマが消えていた。これには二度びっくり、探偵小説よりもうまくできた出来事で、刑事も行員たちも右往左往するしかない。

しかし、二度目でよりはっきりしたことは、合鍵を持っている犯人が近くにいるという事実だ。そうとしか考えられない。刑事も支配人も内部説をとった。行員たちは「犯人はおまえではないか」と疑い深い眼で、お互いをさぐり合うようになった。

そこへ現れて転勤の挨拶をしたのが小林一三であった。よいところへきてくれた、という表情で平賀が言った。

「そうだ、小林君、きみが担当してくれ。こういう事情だから、きみはまず計算係長として帳簿を充分に調査する。筆跡を確認する。一人ひとりの行動を監視する。そして、あざやかな手口の犯人は果たして内部のものか、そうでないか。もし店内に怪しいものがいた場合は……」

「待ってください、わたしはそんな探偵仕事の経験はありません。小説のなかに探偵を登場させたこともありません。しかも、今日着任したばかりで、行員の一人ひとりの名前、顔さえ知りません」

「だから適任なんだ。知らないから平等に、冷静に判断できるじゃないか」

　これが初仕事というわけだ。

　二カ月間、かかりっきりでやったが、解決の糸口になるものはまるで掴めない。うっかり近づこうものなら、逆に犯人扱いにされそうなので、行員たちはだれも小林とは親しくなろうとはしない。閉店後、一パイ飲《や》りましょう、栄町の盛り場を案内しますよ、と誘ってくれるものもいない。ジロジロ観察しながら他人を疑う……これも胃が痛くなる仕事であった。江戸時代には刑事のことを横目とよんだが、小林も毎日、他人を横目で見ていなければならないのだ。

そのころ、北浜銀行は隆々たるものになっていた。

トヨタ自動車の創業者である豊田式織機の豊田佐吉に会社設立費として五万円を融資したり、キャラメルを発売したアメリカ帰りの無名の森永太一郎を援助して森永製菓の基礎を固めさせたり、一介の商人だった大林芳五郎を応援し、東京の清水組（現在の清水建設）に迫る建設業界の雄となる大林組を育てたのも、北浜銀行頭取の岩下清周であった。

いまや岩下は藤田伝三郎、松本重太郎、田中市兵衛らにつづく関西財界の屈指の名士になっていた。豊田佐吉に対しては三井物産の益田孝も援助するようになった。中上川彦次郎が〝三井の工業化路線〟をすすめつつあり、これに対抗して岩下は、理想とする欧米的工業国を実現させたくて、彼なりに産業界を育成しているのだった。

そのような岩下はもはや、小林から見れば手の届かぬ雲の上の人になっているのである。

またしても〈ああ、上柳支店長に決断を迫られたとき、即座に辞表を書いて岩下さんを追いかけるべきだった〉未練がぶり返してくる。思わず溜息をついてしまう。

〝横目〟の小林は孤独に耐えかねた。

住所は教えまいと自分に誓っていたのに、コウへの恋文を書いてしまった。「ういういしき丸髷」のコウが嬉々として大阪からやってきた。一夜にして二人の仲はもとにもどった。名古屋での唯一のなぐさめは、彼女がときおり大阪から〝通い妻〟になって逢いにきて、数日泊っていってくれることであった。しかし、その彼女にも「いま、どんな仕事をしているんですか?」と訊かれても、行員たちの一人ひとりを疑い、犬みたいに嗅ぎまわることだよ……とは語れなかった。彼は相も変わらず優柔不断な自分のことを、

「名古屋にいた時代、二五、二六、二七歳と足かけ三年、社交、信用、そして出世、およそ平凡の俗情に妥協しつつ、私の恋愛至上主義は幻のごとく消えたり浮かんだり、まことに頼りない、薄志弱行に一日一日を送った」

と書きしるしており、その行間に彼自身のやりきれなさがにじみ出ている。

## 岩下から突然の手紙が舞い込む

思いがけない、突然の手紙が舞い込んだ。

「何日その地へゆく、これこれの連中を招待したいので香雪軒に約束してくれ」

岩下が直々、宴会場のセッティングを依頼してきたのであり、

〈雲の上の岩下さんが、おれのことを覚えていて用を言いつけてくれた!〉

そのことに小林は感泣した。

余談になるが、料亭香雪軒の娘は、長州閥の政治家であり、日本陸軍をドイツ式兵制にした軍人でもある桂太郎の愛妾になっていた。その桂と岩下は親交がある。岩下が三井物産パリ支店長だったころ、桂も駐在武官としてヨーロッパに在り、その当時からの付き合いである。

ところが、桂太郎と中上川の仲は悪い。桂の実弟の桂二郎が東京で日本麦酒醸造会社（現在のサッポロホールディングス）を創業して「恵比寿麦酒」を発売したが、その創業資金一五万円を三井銀行が融資していた。青山にある兄太郎の邸宅を担保物件として。

しかし、経営が苦しくて二郎は、三井に借金を返そうとしない。そこで中上川が藤山雷太を使者にして、太郎に対して青山の邸宅を差し押さえると伝えさせた。山県有朋の〝懐刀〟で陸軍を牛耳っている太郎は、恥をかかされたとして激怒した。この一件は井上馨が仲裁にはいり、三井から馬越恭平を派遣して日本麦酒を再建する……つまり同社を三井の傘下におくことで落着したものの、桂太郎の中上川憎しはつづくのである。しかも、桂と親交があったことがのちに、岩下失脚の一因にもなるのである。

——当日、小林は岩下を名古屋駅まで出迎えにいった。彼は貸付係長になっていた。香雪軒での名古屋の知名士らを招待しての宴会が終わったあと、岩下が内ポケットから一葉の若い女性の写真をとり出して、

「この写真の婦人、無理にはすすめないよ」

そう言いながら小林に手渡した。正式に結婚させて岩下は、小林にやる気をおこさせ、大阪に定住する決心がついた時点で、目をかけてやるつもりでいるのだった。

〈岩下さんがおれの結婚を心配してくれている！〉

と恐縮しながらも、一方ではうろたえた。じつは皮肉なことに東京の叔母にすすめられ、送られてきているべつの見合写真を所持していたからだ。しかし、この事実を岩下に告白することはできなかった。彼の機嫌をそこねたくないからである。

上京して叔母のすすめる相手との見合をすませたあと彼は、急いで名古屋へではなく大阪へ行かねばならなかった。名古屋支店長から大阪支店長に栄転していた平賀敏が岩下と親しく、小林を「妻をもらってつれてくるならば」の条件つきで、大阪支店へカムバックさせてくれたのである。例の奇々怪々の「軍事公債紛失事件」は迷宮入りになってしまったけれども、そのときから平賀は小林を、「見どころがある社員になるかもしれない」と

予期していたのだ。

**結婚を即決し、再び大阪へ戻るが……**

叔母がすすめる相手は美人ではないが、気立てのよさそうな下町娘だった。岩下がすすめる女性とは見合せずに、彼は「この下町娘をもらおう」と即決した。岩下のほうの女性と見合すれば、断りたくなった場合に、かえって失礼になると心配してである。

即決したものの彼はまだ、愛しいコウと手を切っていたわけではなかった。とにかく下町娘をもらいますと叔母に約束し、いったん下阪した。新婚家庭にする居宅をさがしたり、そのための準備をしたりしてのち、再び上京した。下根岸の叔母の家で祝言をあげた小林は、親戚や友人らに見送られて新橋駅を発った。

これが新婚旅行を兼ねていた。

車中、二人で差し向かいになって小林はびっくりした。新妻には眉毛がない。その部分は黒々と、一文字に眉墨で描かれてある。これでは尼僧である。どうしたのかと彼が問うと彼女は、

「剃りつけているうちに、妙なかたちになったから、思いきって全部剃っちゃったの」

はにかむでもなく笑っている。物事にこだわらない性格らしく、これなら家庭も円満にいくだろうと思って小林も、つい笑ってしまった。

新妻をつれて大阪支店にもどってきたことは、すぐにコウに知れた。「かわいそうに毎日、コウさんが泣いている。自殺するかもしれない」ことも耳にした彼は、暑中休暇をとって新妻には内緒で、コウをつれて有馬温泉へ遊びに出かけた。

有馬にいた二日間、コウはまったく無口であった。名古屋に〝通い妻〟としてきていたころとは違い、枕をならべて寝ても背を向ける。硬くちぢこまっている。強引に自分のほうへ寝返らせて小林は、

「悪かった、ぼくが悪かった」

と詫びながら口づけしてやり、涙をためている瞼の、その塩っぱい涙をもすすった。しかし反応はまったくなく、彼は良心の苛責にさいなまれつづけた。

三日目の夜、大阪へ帰ってきてコウの家の門口まで送りとどけたが、小林の手をかたく握って放さない。つぶらな瞳が彼を見つめる。女の一念が射すくめる。たじたじになって彼はこのまま別れるのはしのびず、彼女の部屋に一泊しなければならなかった。そこでも

布団の中で抱擁して、まつ毛をしゃぶりながら塩っぱい涙をすすってやった。〈こんな罪なことをしていては岩下さんに見放されて当然だ。おれは地獄に堕ちるだろう〉と自分に呟き、彼の目頭も熱くなってきた。

翌朝、帰宅してみると新妻の姿がない。

昔からのコウとの関係を告げ口したものがあるらしく、置手紙して東京へ帰っていったのだ。いくら物事にこだわらぬ性格であっても、新婚早々に愛人をつれて四日間も泊り歩かれたのでは、そうなって当然である。

クリスチャンだった彼女は、二度と大阪へはきてくれなかった。眉毛を剃った彼女の顔が思い浮かび、小林は懊悩した。「それ（妻）はそれ、これ（愛人）はこれと、成行次第、出たとこまかせの臆面もなく、私の良心は麻痺して居った」ことをである。

「もらったばかりの新妻を追い出した、ひどい女たらしがいる。三井の社員の面汚しだ、銀行の信用にもかかわる、非常識もはなはだしい」

との陰口が大阪支店内にひろがった。

新聞が艶ダネ記事にしておもしろがった。

平賀支店長は渋い顔になった。後年、小林は――

「おのれの下半身の始末に他人の知恵を借りるのは、その道の恥である」と教えているが、これはこの当時の体験から悟ったものらしい。

女と女のあいだに挾まった彼は、だれにも助けてもらえず、いちいち弁解してまわるわけにもいかず、いまこそ男なら黙って辞表を書くべきだと覚悟したものの、「わたしをお嫁さんにする旦那さまは、必ず出世する」と信じ込んでいるコウをがっかりさせたくない。少女時代、通りがかった大峰山の山伏が彼女の頭髪を撫でながら「お嬢ちゃんの人相は、一〇〇万人に一人しかいない幸福の男さんのお嫁さんになれる。その旦那さんは、お嬢ちゃんを奥さんに持てば必ず出世する」と予言してくれたそうで、そのことをコウは頑なに信じているのだった。だから、辞表を書いて失業者になるわけにはいかないのだ。

一年後の明治三三年一〇月、小林は正式にコウと結婚した。とはいっても彼女はまだ一八歳になったばかりの幼な妻であった。彼もまた「その旦那さんは、お嬢ちゃんを奥さんに持てば必ず出世する」ことを信じたくて結婚したわけではない。しかし……と『逸翁自叙伝』は言う。「私までが、彼女の信念に共通的な幻想に追い込まれるように戦慄することがある。かくして私は、彼女のとりこにならざるを得ないのである」と。

# 七章

# 《阪急王国》の強さは組織力にある！

## 7 会社が危機に面するとき

●タテの階級闘争のほかに、ヨコの微妙な同列闘争がある

## 一度貼られたレッテルは容易にはがれず

小林一三は三井銀行大阪支店貸付課長に昇進した。「ようやく芽が出てきた、胸中の天窓に明るい陽光がさし込んできた……」という思いになった。名刺交換がたのしかった。

岩下は〝女たらし〟である彼の行状については、何も言わなかった。しかし、住友銀行から「副支配人として迎えたい」という話がきたとき、飛びついていこうとした小林をたしなめ、ギラギラ光る眼で見据え、きびしい口調でこう言った。

「きみはようやく、三井銀行内でも認められるようになってきたと思う。いま動いては損するぞ。動くでない。キョロキョロするな。いまのまま三井にいることだ」

なぜ岩下がこのようにムキになるのか、小林には理解できなかった。このチャンスをとらえて小林は「それなら北浜銀行に入れてください」と哀願したいところだった。が、岩下は「住友にいくくらいなら、おれのところへこい」とも言ってはくれない。

そのうちに本店から「日本橋にある三井系の箱崎倉庫主任に内定した」との連絡があった。主任になれば、社宅または社宅料がもらえる。特別手当も支給される。社宅料は五〇円、特別手当も五〇円、合わせて毎月一〇〇円もの増収である。コウを抱きかかえて彼は、「東京へもどれるんだ。栄転だ。おれはやっぱり出世できる男なんだ！」

と叫びながら踊った。コウは着物の裾が乱れるのを気にしながらも、彼の腕の中で笑いころげた。

すぐさま彼女を伴って上京した。

三井銀行社長の三井高保が直々に会ってくれた。同僚たちも「おめでとう」を連発してくれた。ところが、翌日もらった正式の辞令は、主任ではなく次席となっていた。小林はがっくりきた。眼の前がまっ暗になった。要するに、彼はいまなお「いつかは北浜銀行へ逃げ出していく岩下派だ」と見なされているのであり、一度貼られたレッテルは容易にはがれず、またしても屈辱を舐めさせられたのだった。

しかしこの時期、三井家と中上川彦次郎は、もっと手きびしい攻撃をうけていたのである。世にいう「二六新報事件」の発生によって三井財閥が大音響とともに崩落する、その寸前までいっていたのだ。

突然、三二歳の秋山定輔が主宰する大衆新聞『二六新報』(明治二六年創刊)が、「三井わずか一〇〇〇円の融資にも困窮す」の暴露記事を書いたのが発端だった。

三井銀行の資本金五〇〇〇万円のうちの七〇パーセントが工業部門に投資されているため、資本は固定化し、運転資金が意のままにならず、蟻地獄にはまった現状になっているという。

秋山は東京帝大卒、司法官僚だった時期もあり、徹底した取材をもとに記事にしているのが評判だし、三三年四月二九日号より連載開始の、三井攻撃のこの記事も事実の一面を鋭くえぐっていた。

ゴロツキ新聞ぐらいに思って三井サイドが黙殺していると、秋山が二の矢を放った。紙面に「三井銀行に預金せし者は警戒すべし」とか「預金引き出しが増加中、支払い停止になるやもしれず」とか「三井銀行の倒産は時間の問題」などの活字が躍っていた。

それでも無視する中上川に、

「三井には中上川派と益田派があり、益田派はとっくに三井銀行から預金を引き出してしまっているが、昨今は中上川派の連中でさえ解約しつつある。難破船から逃げ出していくネズミどもだ」

根こそぎにしかねぬゆさぶりをかけた。

こうなると一般預金者たちが青ざめた。

ついにはかつての三井銀行京都分店で起こった（明治二四年）のと同様の、民衆が窓口に殺到する取り付け騒ぎが、長崎支店や神戸支店で演じられた。

「秋山に書かせているのは、三菱の岩崎弥之助だろう」

「二六新報への通報者が三井内部にいる」

「これは中上川失脚の陰謀だ。やらせているのは伊藤博文か井上馨ではないのか」

大衆さえも疑心暗鬼になり、流言飛語が交錯し合い、中上川自身もだれが味方でだれが敵なのか見分けがつかなくなった。恐れをなした大口預金者の日本赤十字社までが、二〇〇万円を全額引き出してしまった。

じつは小林は、秋山が三井攻撃のための準備をしている、との情報を入手していた。秋山の父親が大阪道頓堀の「浪花座」を経営しており、その父親から直接「息子が三井攻撃を準備している」と聞かされていたのだった。そこで小林は、お家の一大事と東京本店に注進したのだが握りつぶされた……その結果がこうなっているのである。

秋山定輔は、なおも執拗であった。

三井家のプライバシーもあばきはじめた。

「三井一族の乱行のかずかず見るに忍びず。人間にあらず、撲滅すべし！」

と、三井十一家のぼんぼんたちが金にあかして京都の祇園でお茶屋遊びをし、夜な夜な芸妓やら舞妓らと酒池肉林の痴戯にふけっているのをスッパ抜いたのだった。

ちょうど東京では内務省が、一二歳以上の男女の混浴禁止令、および一八歳未満の娼妓禁止令を出して風俗の頽廃を防止しようとしているのに、奇利を占めた政商成金たちの日常はこのざまなのだ、かれらだけが例外であっていいはずはない……と悲憤慷慨しているのである。それでなくても明治維新以来、民衆に恨まれている三井家にとっては、最大級のイメージダウンだ。これにまさる恥さらしなスキャンダルはない。

ときの総理は山県有朋であった。伊藤博文と井上馨が裏で動いて山県に耳打ちし、総理命令で内務省が『二六新報』に対し、三井財閥攻撃の連載記事停止の圧力をかけたのは三三年五月。言論の自由を束縛したのである。

さしもの秋山も屈伏するかに見えたが、それならば現実の犯罪事件の報道であれば「禁止される法律はなし」と、新たに「三谷屋事件」なるものを発掘してきた。

その事件というのは――

山県有朋の〝古傷〟である「山城屋事件」と関連するものだった。明治五年、長州出身の山城屋和助が陸軍大輔だった山県から、兵部省（のちの陸軍省）の官金六五万円を流用させてもらいながら返済できず、割腹自殺して真相をうやむやに葬ってしまった。当時、三谷屋も兵部省に出入りしていて、こちらは番頭が三〇万円を横領。発覚したがのうのうと生きていた。

主人の三谷三九郎がその穴埋めの金策に馳けずりまわり、そのうちの五万円を三井組から拝借した。日本橋から京橋にかけての三九郎の私有地五三カ所を担保にしてである。そして、都合できた三〇万円は山県に渡して陳謝、表面的には一件落着となった。

三九郎は三井組から五万円を借りたとき、「一〇年後には担保物件の土地は返却する」との返り証文をもらっていた。ところが一〇年後の明治一七年になって返却請求すると、三井側は「そんな事実はなかった」という。三九郎は愕然となった。実姉の夫である義兄にその返り証文は保管してもらっていたのだが、彼は「いつのまにか紛失してしまった」という。しかも、なぜか彼が急死したため、どこを捜しても唯一の証拠は見当たらない結果に終わった。

こうなったからには当時の事情をよく知る山県に、証人になってもらうほかなく三九郎が泣かんばかりに訴えた。が、いまは位人臣を極める地位にある山県は、まったく相手にしてくれなかった。「そのような事実があったかどうか記憶にない」という。

そうこうするうちに、中上川が三井を経営する時代になった。三九郎は彼にすがった。が、中上川も「つくり話」として一笑に付したのである。

「義兄は返り証文は紛失した、と言っておりましたが、あれは金に困ったとき三井の番頭さんに買いとってもらったらしいのです。ですからその返り証文は、三井の金庫にあるのではないでしょうか」

三九郎はそうも言ってみたが、捜させてみようという答えは返ってこない。この世には神も仏もないものかと、三九郎は途方にくれた。そうと知って馳けつけてきたのが秋山定輔である。彼は三九郎から克明に取材し、傍証も固めて「三谷屋事件」を記事にした。

「五万円の担保になった五三カ所におよぶ土地は、諸物価高騰の現在では五〇〇万円の価値はある莫大な財産だ。それ故に三井は横領しようとしているのだ。紛失したとされている返証は三井の番頭が、ひそかに義兄から買いとった疑いがある。三井一族は酒池肉林の酣楽にふけり、裏長屋暮らしの哀れな三谷老に一片の情けさえもかけない。これが人間のやることか」

という内容の筆誅をくわえ、返す刀で中上川をもバッサリ袈裟がけに斬った。

「日本一の高給取りである中上川は、一等地の永田町に三〇〇〇坪の庭園がある豪邸を新築し、料理人を召しかかえて毎夜のごとく宴会を開き、大酒をくらい、山海の珍味に舌鼓を打ち、愛妾やら芸妓らを観賞しておる。しかも他人が粒々辛苦しておこした会社を、将来性ありと見れば札束をちらつかせ、非情なる手段を弄して乗っ取っている。乗っ取られた側の痛みなど一顧だにしない。これが三井の白ネズミの正体だ」

というのであり、その『二六新報』を読んだ市民たちの「三井一族も中上川彦次郎も抹殺せよ。闇討ちにすべし！」の大合唱が起こった。三井ファミリーはおろおろするばかり。一本のペンが巨大財閥といえども突き崩してしまう……ことをこの騒動は実証したのであり、三井家としてはここは政治的解決を望むほかはない。秋山の後楯といわれる伊藤博文と井上馨にすがり、裏取引する一手しかない。

そして伊藤・井上の裏取引工作は成功した。

秋山は「新聞用印刷機二台と、印刷工場用地を三井が提供する」「三谷三九郎に一万円の見舞金を贈る」条件を呑み、三井財閥攻撃のキャンペーンは以後一切やらぬと妥協したのだった。

奇妙なことにこのあと、秋山は山県有朋と桂太郎に接近。政界の黒幕的存在になり、さらに昭和になってからの日中戦争時、第一次・第二次・第三次とあった近衛文麿内閣をかげで支える〝怪物〟にもなるのだった。その第二次近衛内閣が成立（昭和一五年）したとき、商工大臣に抜擢されたのは小林一三であった。

それはともかく――二六新報騒動がおさまった直後の明治三三年六月、三井家は、「新家憲」を制定し、三井十一家宣誓式を有楽町の三井集会所において開催、役員人事の刷新や組織の改変もおこなった。すべてを一新して事業にあたろうというのであり、箱崎倉庫主任に栄転するはずの小林一三が、一夜にして次席にとどめおかれたりの、軽輩らの人事異動にも混乱をきたしたのも事実だった。

## 中上川の死去とともに、〝内乱〟が発生

このころ、騒動ショックで中上川彦次郎は転地療養中の身になっていた。三四年二月、脳溢血が再発して叔父の福澤諭吉が六六歳で死去……したことも大きな痛手となって中上川も、それから八カ月後の一〇月、四六歳で不帰の人となった。

とたんに〝内乱〟が発生した。

慶応義塾出の、中上川がスカウトしてきた「改革要員」——中上川軍団の面々は右往左往しなければならなかった。中上川に代わってオール三井の総指揮官となった益田孝の、いわゆる冷やめし組だった益田派の中上川派バッシングが開始され、それぞれの進退は微妙になってきたのである。

中上川の義弟である朝吹英二は益田陣営に走り、同じ義弟でも藤山雷太は王子製紙経営の意欲を失って去った。武藤山治の鐘紡は三井物産と綿花買入れを委託する特約を結びながらも、益田に冷遇されるようになる。赤字つづきの富岡製糸所は益田によって売却されたため、そこの支配人だった藤原銀次郎はまるで〝流刑〟になったかのごとく、海外の三井物産上海支店や台湾支店めぐりをやらされた。

## 〝窓ぎわ族〟の部署、調査課へ移籍

小林一三は箱崎倉庫次席から、三井銀行本店調査係検査主任に移籍された。やっと主任の肩書がついたものの、小林本人は「またしても左遷だ」と思った。軽輩であっても慶応義塾出だから、やはり中上川派の一員……と見られたのかもしれない。

「違います、ぼくは岩下派でした」

と言いふらすわけにもいかず小林は「調査課は紙くずの捨て場所のように一般から軽視されておった。この紙くずのなかに私は明治四〇年一一月まで在勤した」と、不遇であることを苦々しく記録している。三井に限らず、ほかの大企業にもこういう部署はある。現代でもちゃんと存在している。仕事らしい仕事は与えられない。しかし毎日、きちんと出勤していれば定年までサラリーは支給される。いうなれば〝飼い殺し〟の部屋であり、かれらは〝窓ぎわ族〟である。

しかも小林の場合、三井銀行は常務取締役の早川千吉郎と池田成彬が支配する時代に変転していく。その池田は大阪支店次長として上柳清助の下にいたころから、小林を「女たらしの文学青年」と見ているので抜擢してくれるわけがない。

『三井銀行八十年史』（昭和三三年刊）は、

「当行の長い歴史のなかにも、中上川副長の主宰した十年間ほどあざやかな色彩を持つ時期はない。そこにはみなぎる若さと、明確な方針と、強力な実践とが、資本主義の成立という近代日本の誕生期を舞台として、潑溂と躍動しているのを見ることができる」

と中上川彦次郎の業績を讃美している。事実はそうであってもしかし、三井銀行時代の小林は「紙くず」のなかで生活しているのと同然だったのである。若くても彼には「みなぎる若さ」も「あざやかな色彩」も無縁であったのだ。だが三井の〝内乱〟に遭遇して彼は、

「大半の社員はともすると、自分は重要視されていないとか、上役に好かれていないと思いがちなものだ。統率者である上司たるものは、時には部下の一人ひとりと雑談したり、趣味について語り合ったり、女房のことでグチをこぼしたりの、ビジネスとは無関係なことで親密さを増す必要がある。でないと会社の危機に直面したとき、かれらは思い思いの行動に走るだけだ」

ということを体得したのだった。

同じようなことを新日本製鉄会長だった永野重雄も、

「指揮官が部下の性格から生活環境に至るまで、すべて把握しておこうとするならば、その数の限度は三〇〇人までだろう。軍隊でいえば一中隊に相当する。兵隊を強くするためには中隊長が、自分の部下をよく知り、掌握しておくのが鉄則だ。三〇〇人の工場に適用するルールは、不思議に三万人がいる工場にも適用できる」

と断言、経営訓としている。スキンシップの重要性を指摘しているのだ。

また小林は中上川派対益田派の角逐を目撃して「タテの階級闘争のほかに、ヨコの微妙な同列闘争がある」点を発見した。ＯＬにはＯＬ同士の競争心が、課長には課長同士のライバル闘争が、重役には重役同士の出世欲のぶつかり合いがある、というのであり、これが時には上下の階級闘争以上の力で会社をゆるがすことにもなりかねないのだ。だから〝阪急王国〟を築いていくときの小林は、この点にさまざまに腐心をしている。

彼は人間社会を〝暗闘〟の連続だととらえており、

「自分の進むために人を倒さねばならぬ悲しむべき実業界の君子人は、他のつまずくことによって狼より猛き牙を現すのであります。投機の強弱に利用する人、取って代わらんと企てる人、自ら放火してその消火に尽力せんとする人、あらゆる機会をとらえるに鋭敏なる諸氏の行動を、今日になって顧れば、活動写真のような長いフィルムが、虚偽と詐欺と、そうして自己本位に暗闘したのであります」

と語っている。

# 八章

# 準備がととのったら即、猛進せよ！
## 《二、三の哲学》

8

## 決断の行動

●新事業の準備が充分にととのったら即突進すべし。

一、二、三ではいけない。二は迷いである、自信のなさである

## 三越の副支配人に応募するが、不採用に！

小林一三は生まれてはじめて借金した。

アメリカ葉煙草輸入で財を成した京都の村井商会とは、彼は大阪支店時代に取引があった。その村井商会が東京に進出、村井銀行を設立した。支配人に三井銀行の同僚が迎えられ、この同僚から貸してもらったのだ。

理由は、三越株を買うためである。

日露戦争の明治三七年一二月、それまで三井傘下の合名会社だった三井呉服店は解散、資本金五〇万円の株式会社三越呉服店に改められた。分離独立させられたのであり、慶応義塾卒の日比翁助が専務取締役として才腕をふるうことになった。そして、三井グループ内から若干名の副支配人を募集することにした。

〈三井が手放した三越であってもいい。とにかく〝くずかご〟の三井銀行からは抜け出たい〉

その一心で小林も応募した。しかし、たんに応募するよりは株主であるほうが有利になるのではないかと考えたのだ。もし三越へ移ることができたら、そこを墳墓の地としよう、そのためにも株主になっておきたい……そうも思った。

が、このときも天は見放した。

小林は採用にならなかった。白木屋をライバルにしている日比翁助は経営のデパートメントストア化をはかり、日露戦争が終わったときには全館を五彩のイルミネーションで飾る戦勝祝賀セールをおこない、花自動車を街頭にくり出させた。日本海海戦でバルチック艦隊を撃破した、ヒーローの東郷平八郎元帥をゲストとして招待したりした。そんな華やかにしてハイカラな光景を、小林は遠くからぼんやりと眺めているしかなかった。

一つだけ、彼を勇気づけたものがあった。

村井銀行から借金返済請求があったので、副支配人になれなかったのだから三越株をあたためていても意味がないと考え直し、売り払ってしまった。ところが戦勝景気で株価が高騰、借金と同額を利食いできた。ちょっとした財テクになったわけで、これが独立への多少の勇気づけになったのである。

それでもなお小林はほこり臭い「紙くず」の中の生活に耐えていなければならず、ストレスがたまる一方なので、この憂さをはらしたくて俳句をひねりはじめた。勤務時間中も執務するふりをして句作しており、調査係をもじって俳号を「蝶左」とつけた。小林一茶ならぬ小林蝶左であり、不遇に対するいじましいレジスタンスだったが、この俳句づくりがのちに窮地の彼自身を助けることになろうとは、神のみぞ知るであった。

## "くずかご"生活の三井銀行を退職

九州へ出張させられての帰り、小林は大阪で下車、長崎名産のからすみの包みをさげて北浜に、岩下清周をたずねた。

ますます北浜銀行は発展しており、これからは外国銀行なみに外債・社債・証券取引・信託会社の経営にも進出すると、岩下は気宇壮大なことを語った。総理の桂太郎に満州進出をすすめられて岩下が満鉄設立の監事になり、合弁事業である営口《インコウ》水道株式会社の経営にも参画していることは、小林も経済誌を読んで知っていた。満鉄初代総裁に就任する後藤新平とともに、いまや岩下は関西財界人から国際的経済人になろうとしているのだ。

岩下のその気宇壮大な話を、小林はほとんど聴いていなかった。岩下の声は右の耳から左の耳へ通過していくばかり。ひたすら彼は泣きたい思いになっていた。

〈銀行勤めは筆一本で食えるようになるまでの仮住いだったのに、ずるずると一三年も勤めています。あなたに「辞めるな」とたしなめられてどうすることもできず、世人を魅了するような小説も書けません。いまでは二男一女の父親にもなっています。なにもかも中途半端なんです。

三八歳だったあなたが三井銀行大阪支店長として赴任され、はじめてお目にかかったのは二二歳のときでした。いまのわたしは三五歳ですが、あと三年して三八歳になっても、とても大阪支店長はおろか、名古屋支店長や和歌山支店長にもなれないでしょう。下手な俳句をひねっている辛さを察してください〉

そんなこんなの不遇のどん底にある自分を、父親に訴えるように岩下に哀訴したいのだが、気宇壮大の未来を語るだけで岩下が、少しも親身になってくれないから泣きたいのだった。劣等感もますます膨脹する。こんなみじめな思いをするとわかっていたら、大阪で途中下車するんじゃなかった、とも後悔していた。

帰京してまもなく――小林は三井物産重役の飯田義一に呼ばれた。

「大阪へ寄ったんだってね。岩下清周さんから話は聞いただろう?」

「いいえ、何も……どんな話でしょう」

「手紙は……?」

「受けとっていません」

「ふーん、どうしたのかな」

　怪訝そうな表情になり、ちょっと間をおいてから、飯田は用件を告げた。

　大阪北浜の株式仲買店（証券会社）である「島徳」が売りに出されている。岩下さんがこの店を資本金一〇〇万円の公債・社債引き受け業務と有価証券売買をやる会社にしたい。そこの支配人にきみを据えてみたいと言っている……というではないか。

〈わたしを支配人に？　証券会社の経営を任せるですって？　北浜銀行にたずねたとき岩下さんが盛んに、外国銀行なみに外債・社債・証券取引・信託業務にも進出すると語っていたのはそれだったのか！〉

　いまにして小林は思い当たった。島徳というのはのちに阪神電鉄社長や大阪株式取引所理事長にもなる島徳蔵のことで、鉄道株の買い占めで儲けた相場師の井上徳三郎、野村証券の野村徳七とともに「大阪証券界の三徳」といわれた成金である。

「わたしが支配人に適している、と言われる岩下さんの根拠は何なのでしょうか？」

　身をコチコチにして小林は訊き返した。

「一〇年以上も岩下さんはじーっと、きみを観察しておられたんだね。育ちゆく小鳥を見ているようにね。その結果、小林は三井で苦労を重ねてきて忍耐力ができた。有価証券そのものに対する知識も身につけた。しかも彼は投機に手を染めていない。小説と女は好きだが、相場は好きでない……そういう点をいちいちチェックしていたんだろう」

「一〇年以上も岩下さんがですか⁉」

「そうだ。きみを強い男にしてやろう……そう思えばこそ岩下さんは、きみを突っ放していたんだよ。わが子を千仭の谷に落とすライオンだよ。甘やかしたくなかったんだ」

小林は、べそをかいているような笑みを浮かべていた。岩下が冷たく観察していてくれたことは感謝感激だが、事業上の才腕がある人物というふうには、まだ認めてくれていないみたいだからである。一三年間のおれにできたのは忍耐力だけなのかと、半ばがっかりしているのである。

しかし、三井銀行を思いきり蹴飛ばす勇気が、腹の底から噴きあげてきた。体内を噴流した。その日から夜行列車で大阪へ発った。島徳蔵と北銀支配人に会った。二人とも異口同音に「岩下さんはきみを信用している。決心したまえ」と勧めた。

〈そうだ。おれの名前は一三ではないか。一三年間の蓄積があるではないか。一、二、三の二はこのさい必要ない。一、三でいますぐダッシュせよ〉

帰りの夜汽車のなかでそう思った。

後年、小林は「一、三の哲学」を語っている。新事業の準備が充分にととのったら即突進すべし。一、二、三ではいけない。二は迷いである、自信のなさである、と。

小林は辞表を提出してのち、筆頭取締役の早川千吉郎のところへ挨拶にいった。「二六新報騒動」後に三井入りした、松方正義の秘書官の経歴がある大蔵官僚出身の早川を、小林は好きではなかった。保身的だし経営能力も遠く中上川彦次郎には及ばない。その早川がいかにも残念そうに言った。

「しばらくだ、もう少し辛抱したまえ。いまにきみの時代がくるよ。きみたちが待ちくたびれておったのもよくわかっている。必ず大改革をやる。平賀敏君も辞めるというが、平賀君などは立派な理事の候補者だ。じつに惜しいと思う」

「平賀さんはどういうつもりで退職なさるのか知りませんが、わたしは木から落ちた、みっともない猿にはなりたくないのです」

「どういう意味だね？」

「中上川さんが亡くなられて三田派の人たちは、いさぎよく出ていった人もいれば、いまだに残っている人たちもいます。私は居残って徒食したいとは思わないということです」

平賀敏がどうして三井から去りたくなったのか、小林は知っていたが、そのようにトボけて常務室から出ていった。平賀は〝第二の岩下清周〟になりたくて、大阪支店時代の〝人脈〟を頼りに大阪財界へはいっていったのである。小林の退職金は四八七五円であった。因みに三井家が中上川の死後、未亡人に渡した退職金は五万円である。

## どこまでもツイていない——新事業の計画が消え失業者となる

小林は、コウと三人の子たちをつれて大阪へ舞いもどった。明治四〇年一月のことであり、彼は夜汽車の窓ガラスにうつる貧相な自分の顔をながめながら、

〈急ぐことなく一〇年ものあいだ、ただひたすら観察してくれているだけで何も教えようとはしない、そういう人生の師もいるんだなあ〉

と岩下清周のことを思っていた。手とり足とりして教えてくれるのが師ではない……このことを思い知るのである。

巷は日露戦争後の戦勝景気に沸き返っていた。兜町も北浜も狂乱相場といわれ、株価は暴騰につぐ暴騰。「諸株一斉に激騰し、ことに紡績・製麻等の諸株は利益激増の風聞ありていちじるしく騰貴したれば、人気はみずから工業株に集中して相場ますます昂騰」と

『東京株式取引所五十年史』は記録している。二九歳の鈴久こと鈴木久五郎がイチかバチかで鐘紡株を買い占め、一夜にして一二〇〇万円もの株成金になったのはこのときである。

だが、小林が大阪に舞いもどってきた四〇年一月になると、一転して昭和時代の「スターリン暴落」や「ケネディ暗殺ショック」にも劣らぬ大暴落となった。「大反動必至」を予測していた野村徳七が、売方にまわってその〝火つけ役〟となり、これより〝明治恐慌〟の暗い時代に突入したのだ。兜町も北浜も、投げ売りの阿鼻叫喚地獄と化した。首をくくったり夜逃げしたりする株屋や投資家が無数にいた。

当時の新聞の文章を借りれば「昨日までわが世の春を謳歌していた証券市場は、一朝にして万木黄落の粛殺《しゅくさつ》たる光景と変じ、随所死屍累々、産を失い身を滅すものほとんど枚挙すべからざるに至った」のであり、買方で四〇〇万円も儲けていた島徳蔵も大損したため、「島徳」を北浜証券にする岩下の計画も頓挫せざるを得なかった。

新しい仕事をやることなく、小林は妻と三人の子をかかえる失業者になった。どこまでもツイていない。平賀敏も事業計画が〝明治恐慌〟に粉砕されて青息吐息になっていた。

# 九章

# 独創的な夢を実現させろ！
## 《発想の原点》

## ⑨ 大衆の心をつかむ絶妙な味つけ

●ちょっぴり豪華……これら微妙ないささかの差が大衆の虚栄心をくすぐる。満足させる。幸福感をおぼえさせる。

## 阪鶴鉄道監査役になり、箕面有馬電気軌道株式会社設立へ

さて——ここからはじまる小林一三の事業は、だれもが考えつかなかった奇想天外のアイデアを出してくるとか、無から有を生ずるとか、新技術を開発するとか、未来を透視するとかして成功したものではない。彼は日常のごく平凡なものしか見ていない。〝くずかご〟のなかで生きていたような三井銀行時代に見聞したこと、体験したこと、矛盾を感じたこと、疑問に思ったことなどがベースになっているのであり、それに自分流の感覚の〝味つけ〟を加えたのであり、その〝味つけ〟が絶妙だったのだ。

民営鉄道の国有化が注目されていた。

鉄道国有論はそれまでにも出たり入ったりしていたが、日露戦争における兵員・兵器・軍需物資の大輸送に直面して政府は、とくに幹線鉄道でありながら私鉄であるため、車両の大きさ、軌道の幅に違いがあったりで、迅速な輸送がしばしば妨げられる経験をした。運賃もまちまちである。群雄割拠の状態で、私鉄同士のヨコの連絡はない。

「これでは緊急輸送の使命は果たせず、鉄道は無きにひとしい。国有化することによって国内輸送の一元化、運賃の合理化、新鉄道建設計画などの実現を急ぎたい。それが軍事目

的の効果をあげるのみならず、産業界のさらなる発展にも貢献し、朝鮮・満州経営をも有利にする結果を生む」

として桂太郎総理が、改めて鉄道国有法案を出してきた。何がなんでも実現させる気だ。桂のあとに組閣した西園寺公望も、この法案成立には積極的であった。が、これに外務大臣加藤高明が強硬に反対した。

「日露戦争の巨額の公債が累積したままになっている上に、またぞろ鉄道買収のための公債が発行されては経済界が混乱する。強引な国有化は私有権の侵害にも当たる」

というのが反対理由だが、加藤が三菱財閥の代弁者である事実を知らぬものはない。三菱の二代目・岩崎弥之助は〝鉄道王〟ともいわれ、日本鉄道（国鉄時代の東北本線）、山陽鉄道、九州鉄道などの大株主であり、その私有権を守りたいのだった。

しかし議会は、それらも含めた私鉄一七社の買収を採決、三九年一〇月から一カ年以内にその事務を完了させることにした。買収費は総額にして、私鉄建設費の二倍の四億七九三二万円であった。この時点から八〇年後、膨大な赤字をかかえるに至った国鉄は、中曽根康弘内閣によって再び分割民営化されてもとにもどったが、当時の人たちには予測できないことだった。

妻子をかかえての失業中の小林に突然、呼び出しがかかった。来阪中の飯田義一が会いたいという。むろん、退屈しきっていた小林は、嬉々として馳けつけた。

飯田の要件はこうであった。三井物産は阪鶴鉄道（現在のＪＲ舞鶴・福知山線）の大株主だった。

しかし同社も私鉄一七社に加えられ、国有化されることに決定した。譲渡価格は全長七〇マイル、七六〇万円である。

「そこで阪鶴鉄道の大株主のなかには、新しく私有鉄道会社を設立し、まだ電車が走っていない池田・宝塚・有馬地区へ、大阪梅田を起点として建設してはどうか……そういう意見を述べる人もいる。実現するかどうかはわからんが、きみに設立事務をやってほしいんだがね」

これもいい経験になるだろうと飯田は言うが、失業者の小林を哀れみ、職場を与えてやろうとしているのだった。

小林の名刺には、阪鶴鉄道監査役の肩書がついた。照れ臭そうにそれをながめた。これでも一応は重役なのである。

大阪梅田――箕面――宝塚、宝塚――西宮を結ぶ資本金五〇〇万円の、箕面有馬電気軌

道株式会社設立の認可がおりた。鉄道は電化の時代を迎えつつあった。安田財閥の資本を導入して開通させた外山脩造《しゅうぞう》の、大阪――神戸間の阪神電鉄がすごい人気だった。

「明治三十九年四月十二日、ついに開業の日を迎えた。摂津電気鉄道として呱々の声をあげてから一二年、大阪側の阪神電気鉄道と合併してからでも、すでに九年の歳月が流れていた。この日、天気は花曇りで、大阪の出入橋、神戸の加納町の両ターミナル駅にアーチを設け／当日一日だけで二万九九〇四人の乗客を運び、二三四九円の収入をあげた」と『阪神電気鉄道八〇年史』（昭和六〇年刊）は回顧している。

因みに大阪――神戸間の乗車賃は二〇銭、平行して走っている蒸気機関車の官鉄（国鉄）東海道線よりも一四銭も安かった。しかも、スピードも阪神電鉄のほうがあって「大阪神戸間を官鉄の三分の一の時間で走る」をキャッチフレーズにしたため、この人気になったのだ。

だから、新たに電鉄会社設立の認可をとったのは、箕面有馬電気軌道だけではない。阪神電鉄に刺激されて京阪電車、神戸電車、兵庫電車、奈良電車、阪堺鉄道などの電化計画認可も申請されていた。関西はいまや私鉄ブームである。しかし現実は、

「京阪電車は大都市の京都と大阪を結ぶ電鉄だから、乗客も多く採算が合う。神戸電車、これも市内電車だから黒字になるだろう。しかし箕面有馬電鉄となると、終点に都市らしい都市はなく、田圃や原野のなかを走ってひなびた湯治場へいくだけではないか。乗ってくれるのはせいぜいトンボかイナゴか空気ぐらいだろう」

という声が大勢を占めて、人気は一向に盛りあがらない。内輪揉めもはじまった。阪鶴鉄道は解散するわけだから辞任する重役もあり、慰労金を出す出さん、多すぎる少なすぎるで険悪に対立したのだ。社員についても、新会社に引きとる引きとらないで分かれてしまう。国有化ではいってくる七六〇万円の奪い合いになった。

そこへ反動暴落にはじまる〝明治恐慌〟がもろに吹きつけてきた。箕面有馬電鉄の発行株式一一万株のうち、半分の五万四〇〇〇株が引受未了株として残った。将来性なしと見なして、株主になってくれる有志がいないのであり、どう見ても新会社設立は難産だった。

## 足で歩き、自分流の青写真をつくる！

阪鶴鉄道本社は池田にあった。

〈またもや失業者になる確率は大か〉

そう思いながら小林は、某日、箕面有馬電鉄の計画路線敷地を徒歩でテクテク往復してみることにした。行けども行けども、確かにトンボとイナゴしか住んでいないような田畑、森、野原ばかりである。しかし、川水は美しく空気はうまい。

いつしか小林は、自分流の青写真をこしらえようとしていた。本社内では役員やら大株主らが口角泡を飛ばして、相変わらず慰労金が多い少ないでやり合っている……その醜悪な場から逃れるようにして小林は毎日、田園風景のなかを歩いてまわったり、川土堤で休息をとったりした。

「大都市は西へ向かって発展する。なぜならば、風は西から吹いて煤煙やら塵芥やらを東へはこぶ。したがって東が下町になり、西が山の手になる。勤め人の場合、東から昇る朝日を浴びつつ西方角の家を出て都心へ向かう。夕暮にはこんどは西に沈む赤い夕陽を浴びながら、勤務先から帰宅する。洋の東西を問わず、これが市民生活の理想とする環境なのだ」

そんな都市論を、翻訳本で読んだことがあるのを思い出した。ドイツのハインリッヒ・クノウの『都市の起源』であった。貴族都市という言葉が、妙に印象に残っていた。商業都市大阪の郊外に貴族都市を……そんなキャッチフレーズはどうかな、と考えたりした。

のちに実業界の重鎮である渋沢栄一も『田園都市論』を論じている。大正四年、七六歳の高齢ながら渋沢は、サンフランシスコで開催されるパナマ運河開通記念万国博覧会の視察に出かけ、現地で見た「緑の公園内にあるような都市」づくりを実現させているアメリカ人に感心する。そして、帰国すると彼は、「元来、都市生活は自然の要素に欠けている。しかも、都会が膨張すればするほど自然の要素が人間生活のあいだから欠けてゆく。その結果、道徳上の悪影響を及ぼすばかりでなく、肉体上にも悪影響をきたし健康を害し、活動力を鈍らし、精神は萎縮してしまい、神経衰弱患者が多くなる。人間は、到底自然なしには生活できない」（渋沢栄一著『青淵回顧録』）

として息子の渋沢秀雄に田園都市会社の設立を急がせ、今日の大田区・目黒区・世田谷区を文化住宅地として開発させるのである。そして、冒頭に登場した五島慶太に、この地区のための目黒蒲田電鉄の建設を一任したのだった。

小林一三が漠然とながら『都市論』に着目したのは、その渋沢よりも約一〇年はやいということになる。当時、東京の人口は二二〇万人、大阪も一三〇万人になりつつあった。

改めて述べるまでもなく箕面、豊中、池田、伊丹、宝塚は大阪の北西に位置する。環境のよい山の手である。「東から昇る朝日を浴びつつ西方角の家を出て都心へ向かう。夕暮にはこんどは西に沈む夕陽を浴びながら、勤務先から帰宅」できる「市民生活の理想」に近い。なぜ政治家や企業家たちは、その点に注目しないのだろう。

小林は「大阪・神戸間を官鉄の三分の一の時間で走る」阪神電鉄の人気についても検討してみた。開業初日から二万九九〇四人の乗客を吸収し、二三四九円の運賃収入を計上できたことは確かに驚異的である。電鉄事業としては大成功である。

〈それに比べて、箕面有馬電鉄に乗ってくれるのはせいぜいトンボかイナゴか空気ぐらいだろう……と最初から投げ出す必要はないのではないか。阪神電鉄は尼崎——西宮——芦屋と大阪湾岸に沿って走っている。人口密度が高い下町や工場地帯を縫うようにして走っている。その阪神電鉄に劣らぬ付加価値をつけて大量に乗客を吸収する必要がある。朝夕の通勤客だけでなく、昼間の学生や主婦たちにも利用してもらう。そのためにはどういうものが付加価値となりうるか〉

その点を熟慮しなければならなかった。

## 私鉄経営に必要な付価価値とは？

美少女だったころのコウをつれて阪堺鉄道で遊びにいった日のことを、小林は思い出した。

阪堺鉄道といえば「都市を結ぶ最初の私鉄は南海電車の前身、阪堺鉄道である。この線をつくろうと考えた松本重太郎という人が最初にしたことは、紀州街道をゆく人馬の交通量調べだった。毎日、右のたもとに大豆《だいず》と小豆《あずき》を入れて立つ。人がくれば小豆、車なら大豆を、ひと粒ずつ、左のたもとに入れかえる」（朝日新聞「天声人語」＝昭和六三年九月三日号）ことで充分に調査したのを、小林も話として聞いていた。

この沿線には有名な住吉神社があり、さまざまな年中行事が催され、大阪は南地の芸妓衆が妍《けん》を競いつつ出張する。これに人気が集中している。日ごろ芸者遊びができない若者たちの、目の保養になるというわけだ。うどん屋、タコ焼き屋、土産物屋などの屋台も立ちならぶ。いかにも〝食いだおれ〟の大阪らしい風物詩だ。

堺の大浜には「一力」「望海楼」などの三階建ての楼閣があって繁盛している。家族づれで牛鍋を食べている。赤だすきの女中たちがサービスしている。とくに春の潮干狩り、真夏の夕涼みと海水浴は賑わう。納涼大会があって花火が打ちあげられる。

つまり、そんなこんなも私鉄経営の付加価値になっているのであり、

〈他人よりほんのちょっぴり高級、周囲よりちょっぴり上品、友だちよりもちょっぴり贅沢、隣家よりちょっぴり豪華……これら微妙ないささかの差が大衆の虚栄心をくすぐる。満足させる。幸福感をおぼえさせる。大差がありすぎては庶民は戸惑うだけだ。しかも、この僅差には大して金はかからない。そういうほんの少しの格差が、大衆にも絶対に必要なのだ〉

というふうにも小林の頭脳は働き、具体的にはまだ明確にかたちづくれないながらも、もどかしげに呟く「ちょっぴり……ほんのちょっぴり……」が彼の口ぐせになった。それを求めて彼の手さぐりがつづくのである。

## 自分の夢は「未来の幻影」だ！

沿線の土地価格調査も綿密にやった。今日でいうところの、住宅難を解消するためのハイセンスのベッドタウンを建設し、スーパーマーケットを併営し、市民のための遊園地もつくり、不動産経営もやれば電鉄事業のプラスになる……そういう発想も湧いてきたからである。

小林は〝夢見る男〟になっていた。〝夢〟を見ない日は苦痛でさえあった。後年――七八歳になっていた昭和二六年、彼は『何処にか青春を買はん』と題する随筆を、東洋経済新報に寄稿している。

私の夢は、不思議と過去の追憶的悲劇でなくて、未来の幻影である。一度二度ならず同じ夢を繰り返して見るので、苦笑を禁じえない／夢がさめると私は夜中の天井を見詰めながら、ひとり呟くのである。『いくら考へても駄目だ。己はパージ（GHQから指名された公職追放者）の身の上ではないか』と。私も来年は七九歳、柄にもなく青春がなつかしい。唐の詩人は叫ぶ――

百金買駿馬（駿馬は百両で買える）千金買美人（美妓は千両で買える）万金買高爵（名誉も万両で買える）何処買青春（しかし、青春だけはどこへいってみても買えない）

自分の夢は「未来の幻影」だというが、それは夢想家の無から有を生ずるような、現実性のまったくない白日夢とは違う。彼は日常のごく平凡なものしか見ていない。庶民のだれもが眼にしているものと同じものを見ているだけだが、それに「ちょっぴり……ほんのちょっぴり……」の彼一流の〝味つけ〟を、年老いてもなおやっているのである。

機智奇略の戦術を得意とし、文明のないモンゴルの遊牧草原武将から中世の西欧人も恐怖する「地獄の大魔王」になってジンギスカンは、独自の軍事大国を建設した。が、彼には特別の政治力や空想力があったわけではなく、

「一利ヲ興スハ一害ヲ除クニ若カズ」

平凡なこれをモットーとしただけである。利益を生むと思われる、未だだれもやらなかった新しい政治や事業に着手するより、まずはこれまでにある現実のもの――それが利になっているか害になっているかを見究め、「害になっていれば徹底的に排除することのほうが重要だ」というのである。

平凡なものしか見ていない小林の眼も、昔からある一つ一つが利になっているか害になっているかをじっくり見究め、利になると判断すれば「それに何を加えればよいか」を考えようとしているのだった。

# 十章

# 巨利をつかむ《過去の情報》

## ⑩ 新しい情報と過去の情報をミックス

●過去の人たちの業績やアイデア……これも貴重な情報である。新しい情報だけが生きているのではない。昨日、今日、明日につながる情報のみが有益なのだ

## 小林一三の〝相棒〟──松永安左衛門

この時期、小林一三は二人の〝相棒〟を得た。その一人は同じ慶応義塾に学んだ松永安左衛門、もう一人は野村証券の野村徳七である。

既述のごとくバンカラであった松永の半生は、なかなかに波乱万丈だ。

彼は福澤諭吉の紹介で三井呉服店に就職しようとするが、「呉服店向きではない」と、小林同様に不採用になった。なんとか日本銀行にはいり、営業部為替課に配属された。肩苦しい思いをしているところへ、福澤諭吉の婿養子である福澤桃介が現れて、「銀行なんぞきみの柄じゃない。それよりぼくと一緒に仕事をやろう。男は勝負すべし」と強引に辞表を書かせたので、一年でやめてしまった。この桃介もたいへんな〝怪人物〟だがここでは省略──桃介が経営していた貿易業丸三商会の神戸支店開設を手伝わされた。が、同商会はあえなく倒産、桃介から五〇〇円もらった松永は神戸にとどまり、ゼネラルブローカー福松商会をおこした。儲けたらアラスカ州を買い占め、石油採掘と林業をやるつもりだった。しかしその実体は、小僧を一人雇っての亜麻仁油の瓶売りでしかなかった。

彼は経済界を見まわした。産業の工業化、鉄道輸送の発展にともなって石炭の貧富は、鉄・石油とともにその国の経済勢力を決定するまでになってきている。とくに世界の一等国であるアメリカ・イギリス・フランス・ドイツ・ロシアなどは石炭産業を最重視している。石炭イコール国力だ。

そこで松永も石炭販売業に転向、武藤山治の鐘紡に九州の金谷炭を納入しはじめた。だが石炭業は掘るのも売るのも荒っぽい仕事だ。やくざな同業者の縄張り争いが絶えない。入札をめぐっての談合破りがあったりで、血の雨が降るような事件にもなる。それでも「功を急ぎたい」青年の彼は「しょせんはギャンブラー（賭博師）であり、スペキュレーター（投機屋）にすぎない」と承知しながらも、そのなかに飛び込んでいった。

やがて猪突猛進の努力が実り、頭角を現した。下関港に入ってくる外国船のための焚《ふん》料《りょう》炭を、イギリスの商社サミエル商会と提携する商機を掴んだ。毎日、女と遊んでいても寝ころんでいても、五〇〇円ずつふところにはいってくる身になった。まさに石炭は黒ダイヤであり、清酒一升が二一銭、駅弁が一五銭のころの五〇〇〇円なのである。

「なんとしても五〇〇〇万円をつくるぞ！」

が松永の目標だった。というのは、明治三四年に完成した官営八幡製鉄所の建設費が四〇九万五八〇〇円だったからで、彼は個人でこれと同じ規模の製鉄所を経営する気でいたのだ。

が、世の中そうはトントン拍子にはいかせてくれない。日露戦争には大勝したが、黒ダイヤは生産過剰のため、たんなる路傍の石ころ同然の値打ちになってしまった。損した分を挽回しようと松永は、戦勝景気の熱狂相場で儲けるべく、イチかバチかの株式投機へ走った。六〇万ほど利食いできた。それでも満足せず、その分もそっくり賭けた。

そこへ野村徳七が〝火つけ役〟になった反動暴落が待ちうけていた。スッテンテンになった上に、大阪は角田町にあった松永邸が火事で灰燼に帰した。着のみ着のままになってしまった彼は、長屋住いのその日暮らしに一変した。自殺しよう、と思いつめたことも一度や二度ではない。

そうと聞いてふらりと訪れたのが小林一三だった。小林は書籍や掛軸を包んだ風呂敷包みをかかえていて、気軽にこう言った。

「退屈しているだろうと思ってね。これでも読んでいればば気がまぎれるかもしれんよ。いくら長屋住いでも掛軸の一本ぐらいはなくちゃね。そうだ、ぼくにはこんな経験がある」

いま唐突に思い出したかのごとく、つづけて彼は語った。

「三井マンだったころ、山陰地方へ旅行したときのことだ。小さな汚ない宿に泊ったんだが、そこにA氏も泊っているのを知った。A氏は大阪で事業に成功し、億万長者になっている財界人なんだ。さては惚れている芸者を同伴しているため、有名な旅館では目立っていけない、だからわざとこんなシケた宿にしたのだろう……ぐらいに思って部屋に挨拶にいくと、驚いたねえ、六畳一間に糟糠の妻と二人きりでいるではないか。もう一カ月近くも泊っているという。どうしたわけで億万長者がこんな部屋で我慢なさっているんですか、と訊いてみた。A氏は苦笑しながら答えた。

『よくよく考えてみると、自分たち夫婦はあまりにも恵まれすぎている。無我夢中で働いているうちに運勢に恵まれ、現在の何ひとつ不自由のない身分になることができた。それが恐ろしいんだよ。幸運は長つづきはしないんだから、貧乏だったころを忘れないために、こうして粗末な部屋で暮らしているのさ。これは一種の厄払いなんだ』

と。人間、いいことばかりつづくものではないが、悪いことばかりもないと思う」

長屋住いのみじめな思いをしている友人を、遠まわしに励ましているのであり、そして、いま自分は箕面有馬電鉄を創業したいと思っているいろいろ調査しているが、いざというときには手伝ってくれないかと、それもあまり期待していないかのような表情で頼んだ。ペシャンコになっていた松永も、負けず嫌いだから両肩を張った。

「きみだって明治恐慌の被害者じゃないか。相見互いさ。いつでも手を貸すが、おれはこれから渡辺千代三郎氏の大阪瓦斯に、コークスの売り込みをやろうと思っている。それから有力な出資者を捜して、九州の福岡に市内電車を走らせる計画も立てているんだ。おれのほうこそ、きみに手伝ってもらいたいくらいだよ」

帰りぎわ、小林はさりげなく言った。

「読んだら本は処分していいよ、気に入らなかったら掛軸もね」

思わず松永は、その背に黙礼した。クールな友情に感謝した。窮迫している身を案じて小林は訪ねてきてくれた。現金ではなく書籍や掛軸をもってきたのは、それらを売って生活費の足しにしろ……だったのだ。現金では失礼になる、学友の心を傷つける……そう配慮してのことなのである。

## 情報収集と情勢判断力を求めて——野村徳七

憎いはずの〝火つけ役〟の野村徳七に小林が接近したのは、その情報収集の巧みさと情勢判断力に感心したからにほかならない。

今日の世界屈指の野村証券が〝情報の野村〟とか〝調査の野村〟といわれるのは、創業者の徳七が若いころから二大戦略の一つとしてきたからだ。

もう一つの戦略とは「株は高く買って安く売れ」の中庸主義である。

小林より四歳若輩の彼は、市立大阪商業学校中退。北浜の株屋になったのは明治三四年、二四歳のとき。「株は高く買って安く売れ」というものだから、北浜の証券マンたちから「それでは損するだけや」と嘲笑されっぱなしだったが、一〇〇円で買った銘柄が九〇円、八〇円と下落したところで手放してしまえ、と彼は単純にすすめているのではない。

たとえばAという企業の株価が一〇〇円であった場合、これから先ゆきもっと高値になると思えば、一〇三円とか一〇五円で買えばたちまち欲しいだけの株数が手に入る。一円でも安く買おう、九〇円になるときがあるかもしれぬ、とケチって待っているあいだに相場はどんどん高騰していって、一二〇円とか一三〇円になってしまう。つまり、狙っていたせっかくの優良銘柄を買いそびれるのだ。

手放して利食いしたいときには、その逆のことを考えるべきである。現在、B株は一五〇円になっているが、もう一両日待てば一六〇円になりそうだ。そのへんが天井だろうから「天井すれすれまでいって、一五九円とか一五八円とかで売ったほうが得だ」と、だれもがそのように考える。

ところが、そうした強欲がせっかくの儲けをのがしてしまう結果になりかねない。現代でもそうだが「株価は生きもの」である。思惑がはずれて一五〇円を天井にしてB株が、一気に暴落しはじめる場合もある。そうなるとこれまた売るチャンスを逸したことになるし、だから一五〇円ていどで欲をおさえて売っておくほうが賢明であり、要するに徳七の中庸主義は「ほどほどに儲けてゆくことこそ、損をしない最善の方法」というわけだ。

しかし、北浜ではそんな彼は「小さく愚鈍、小心翼々、若さのない慎重居士」とみなされていた。したがって相場師としての人気も低かった。

日露戦争の大勝で鈴久が、ケタはずれの一二〇〇万円儲けて「成金」になったとき、徳七はボロ株といわれた大阪硫曹株で六万円、大阪電燈株で一〇万円を掴んだにすぎなかった。だが、真の勝負はそれからであった。徳七が呵々大笑し、鈴久が債鬼に追われて泣かねばならぬ日が、すぐにやってきたのである。それが〝明治恐慌〟だったことは述べるまでもない。

## 巨利をつかむ〝早耳〟的情報と「過去の情報」

徳七が情報によって巨利を占めた……その代表的エピソードを紹介しておく。

第一次世界大戦勃発（大正三年七月）の直前、宇治電鉄建設のため招かれていたアメリカ人のヘンリーという鉄道技師が、工事完了でフランス人の妻とニースへ帰ることになった。一夜、徳七はヘンリー夫妻を招待し、大阪の料亭で離別の宴を張った。そのさい、ヨーロッパ情報を打電してくれるよう依頼したのだ。

当時、徳七は海外情報を敏速に入手する機関をこしらえたがっていた。まもなくヨーロッパ大戦の発端となるオーストリア皇太子暗殺のサラエボ事件が突発。ニースのヘンリーが約束どおり打ってくれた、大戦勃発必至の英文電報を徳七は受けとった。

当時は英文電報にかぎり、内容の如何をとわず自由に打電できたし、これだと日本の新聞がロンドン発電を報道するより一週間ないし一〇日はやく、ヨーロッパ情報を掌中にすることが可能だった。徳七の狙いはそこにある。

ヘンリーの電報を受けとったその日から、徳七は軍需株・石油株・繊維株・医薬品株などを大量に買いまくった。日本のマスコミが欧州大戦勃発の第一報を出したとき、世界不安を理由に投げ売りとなって株価は暴落したが、徳七だけはせっせと買った。

大戦のおかげで好景気になったアメリカへのあらゆる物資の輸出が急増、これが契機となって株価は暴騰へ転じた。徳七の持株は三倍四倍と高値を更新していった。笑いが止まらぬとはまさにこのことであり、さよならパーティを催してくれた徳七への、お礼のつもりで打った鉄道技師ヘンリーの一本の電報が、かくのごとき巨利をもたらす結果となったのである。

こうした〝早耳〟的情報を掴むか掴まないかによって、その人物の立場を有利にするし不利にもする。そういう例は無数にある。昭和三九年、池田勇人に代わって組閣した佐藤栄作は政界では〝早耳の佐藤〟といわれたほど永田町情報に精通していた。彼が最長不倒の総理でいられたのは、だれよりもはやく情報を細大もらさずキャッチし、それ相応に迅速に対処したからだといわれる。

だから一般の現代人も「情報はつねに新しいものでなければ効果がない」と思っている。「新しくなければ情報ではない」とも思いがちだ。しかし、そうした〝早耳〟的情報とはべつに、「過去の情報」もまた大いに役立つものなのだ。

小林一三は徳七の〝早耳〟的情報の収集の巧妙さを学ぶ一方で、自分なりの「過去の情報」を大事にした。自分の頭脳に埋没している記憶を丹念に発掘する。ハインリッヒ・クノウの『都市の起源』を読んだことがある……そのことを思い出して箕面有馬電鉄を開通させた場合の、人口吸収や沿線の貴族都市を構想し得たのも、「過去の情報」がヒントになっているのだった。

古河財閥の創始者である古河市兵衛は、官営院内銀山（のちの古河鉱業）を払い下げてもらってスタートし、廃坑にひとしい足尾銅山を買収して頭角を現した。なぜそうなったのかと成功の秘訣を問われたとき、市兵衛はこう語っている。

「特別のことをやったわけではありません。わたしは他人が掘った坑道を、さらにひとまわり大きく掘らしただけのことです」

つまり、前経営者は直径二メートルの坑道を掘らせながら先へすすませた。もう鉱脈が尽きた、と思った時点で市兵衛に売却した。そこで市兵衛は直径二メートルの坑道を三メートルに拡げさせながらすすませた。すると銅鉱がおもしろいように予想外に大量に採掘できた、というわけだ。

小林はこの話も「過去の情報」の一つとして胸中にファイルしておいた。松本重太郎が右のたもとに大豆と小豆を入れておいて人馬の交通量を調べたのと、美少女だったころのコウをつれてその阪堺鉄道で住吉神社のお祭りを観にいった……それを思い出したとき連鎖的に、古河市兵衛のこの成功話が浮上してきた。いうなれば三メートルの坑道に拡げたのは、市兵衛ならではのアイデアであった。鉄道を通すだけでなく沿線に観光地や歓楽地をこしらえて付加価値をつける、それと変わりないグッド・アイデアなのである。

〈過去の人たちの業績やアイデア……これも貴重な情報である。だれの場合も昨日は今日に、今日は明日につながっている。新しい情報だけが生きているのではない。昨日、今日、明日につながる情報のみが有益なのだ〉

そして新しい情報と過去の情報をミックスして、充分の調査研究をおこなったら即、一、二、三でなく一、三で行動に突進しろ……小林はそう言いたいのである。これは野村徳七の「待ちの姿勢でいることが、せっかくの優良銘柄を買いそびれさせる」にも相通ずるのだ。

# 十一章

## 逆心理をつくPR作戦
## 《電鉄経営のバイブル》

## ⑪ 第三者の立場で判断

●芸術的批判の力はないが、商売的鑑賞の術を心得ているつもりである

## 三井財閥を見返してやります！

「最近、岩下清周さんにはお会いになりましたか？」

野村徳七が、はやく会いにいけと言わんばかりに訊いた。

「いいえ……何かあったんですか？」

小林は気になった。

「わたしの情報だから信じてください。阪鶴鉄道の重役たちにその気がないのなら、箕面有馬電鉄の新設に北浜銀行が乗り出してもいい……と言っとるらしいですよ」

「ほ、ほんとですか。ありがとう」

お礼を言いながら小林は横っ飛びに馳け出していった。北浜銀行頭取室へ入ったときもまだ、はあはあ息をはずませていた。

「電鉄敷設に要する諸機械および重要な資材を、三井物産が輸入してくれれば、第一回払込株金一三七万五〇〇〇円があるので開業できます。将来は阪神電鉄に負けない会社になります。わたしはこの仕事をやってみたいと思います。もう仮住い意識はありません。大阪に骨を埋めるつもりです。未引受株の五万四〇〇〇株の引受人を、何とかこしらえていただき、そしてこのわたしに、この仕事をやらせてください！」

聞いていた岩下の顔が、これまでに見せたことのない険《けわ》しいものになった。太い眉をぴくぴくさせながら轟然と言い放った。

「やらせてくださいとは何事だ！」

「まだ、わたしの力量、熱意を信じていただけないのですか」

「きみも三井を飛び出して独立したのであるから、自分の生涯の仕事として責任をもってやってみせる、と宣誓できんのか！」

ガーン……と鉄拳で横っ面をぶん殴られた気がして、思わず小林はのけ反った。彼ははじめて、師のきびしい愛情というものを知った。全身がふるえてきた。声がかすれた。

「申しわけありません。小林一三、この仕事を一命を賭してやりぬく覚悟です」

「どのようにやるつもりだ。これはへなちょこ小説のストーリーではないんだぞ！」

「充分に調査いたしました。沿線には住宅地として理想的なところが多分にあります。仮に一坪一円で五〇万坪買うとすれば、開業後一坪につき二円五〇銭ていどの利益があると見込まれ、毎年半期五万坪ずつ開発分譲しても一二万五〇〇〇円の利益が計上できます。電車が走るようになった時点ではさらに、坪当たり五円ぐらいの地価になりましょう。そうした確実に利益を生む副業を当初から考えて、当分のあいだ電車が黒字にならない場合でも、その点で株主たちを安心させることができます」

「五万四〇〇〇株の引受人を、きみ個人の働きでどれくらいつくれる？」

「一万株……いいえ、二万株は何とかしてみせます。今日からでも奔走します」

「わたしを当てにするな。きみ自身で極力こしらえるんだ。東京へもいって甲州派の財界人たちにも、土下座してでも頼み込んでみることだ。やれるかい、小説家の端くれに」

「やります、わたしも男です。勝負します。あなたを追いかけてみせます。三井財閥を見返してやります！」

小林の両眼はうるみ、まだ声がかすれていた。

おだやかな顔にもどして岩下が、

「小林君、人間は繊細なだけではダメだ。剛直なだけでもいけない。双方を合わせもっておかなければ。きみがいろいろ苦労して強靱になるまで、見て見ぬふりしながら、わたしは待っておったのだ。百年もかかったような長い長い年月だったよ」

最初にして最後の本心を明かした。

## 革命的PR法――『最も有望なる電車』

上京した小林は、郷里の先輩で〝関東の鉄道王〟になっている東武鉄道の根津嘉一郎をたずね、靴をすりへらしながらほかもまわって、合計一万株を引き受けてもらった。自分でも退職金を注ぎ込むだけでなく、借金して株主になった。箕面有馬電鉄と一蓮托生になるためにも、いまはそうすべきであった。

箕面有馬電鉄はスタートしたが、世間は、「そう思わせるだけで、本気で建設するつもりはない。買手が現れるのを待っているんだ。そのうちに阪神電鉄に身売りするだろう」と、信用していなかった。

しかし、そうであるのが小林にとっては有利になった。建設されないと思い込んでいる沿線の住民から、安く土地をスムーズに買いあげることができたからであり、ほとんどを直線的に確保した。

建設工事には、岩下を恩人にしている大林芳五郎の大林組が全面協力した。京阪電車、神戸市電、兵庫電車、南海電鉄も着工を急いでいたが、小林はどうあってもそれらより一日でもはやく開業させたかった。これが大きなPRになるからである。

PRといえば、工事進行中から小林は『最も有望なる電車』というハイカラなパンフレットを一万部印刷、無料配布した。建設予算からその工事内容説明、収支予算、住宅地の経営、遊覧電鉄の真価などについて詳述したもので、小林の文学青年としての文才が発揮された。今日の各企業の広報担当が発行しているPR誌の原点は、小林のこの『最も有望なる電車』であり、最後に彼はこう記している。

箕面有馬電鉄の沿道はそんなによいところですか。

　之は委しく申しあげるまでもありません。何人でも宜しい、大阪付近を跋渉して御覧なさい。吹田方面、桃山、天王寺、天下茶屋、住吉、浜寺、それから阪神線の沿道を御一覧になった上で比べて見て下さい。この沿道は飲料水の清澄なること、冬は山を背にして暖かく、夏は大阪湾を見下ろして吹き来る汐風の涼しく、春は花、秋は紅葉と申分のないことは論より証拠で御一覧になるのが一番早やわかりが致します。

つづいて『住宅地案内』も刊行した。

如何なる土地を選ぶべきか。美しき水の都は昔の夢と消えて、空暗き煙の都に住む不幸なる我が大阪市民諸君よ！　出産率十人に対し死亡率十一人強に当る、大阪市民の衛生状態に注意する諸君は、慄然として都会生活の心細きを感じ給ふべし、同時に田園趣味に富める楽しき郊外生活を懐ふの念や切なるべし（後略）

如何なる家屋に住むべきか。巨万の財宝を投じ、山を築き水を導き、大厦高楼を誇らんとする富豪の別荘なるものは暫く措き、郊外に居住し日々市内に出でて終日の勤務に脳漿を絞り、疲労したる身体を其家庭に慰安せんとせらるる諸君は、晨に後庭の鶏鳴に目覚め、夕に前栽の虫声を楽しみ、新しき手造りの野菜を賞味し、以て田園趣味ある生活を欲望すべく、従って庭園は広きを要するべし、家屋の構造、居間、客間の工合、出入に便に、日当り風通し等、屋内に些かも陰欝の影を止めざるが如き理想的住宅を要求せらるるや必せり（後略）

まるで現代サラリーマンの願望そのままであり、明治時代に小林はすでに〈他人よりほんのちょっぴり高級、周囲よりちょっぴり上品、友だちよりちょっぴり贅沢、隣家よりちょっぴり豪華……この微妙な僅差が大衆の虚栄心をくすぐる。満足させる〉を事業に活用したのであった。

## アイデア王、小林一三の〝企画演出〟

沿線の土地三〇余万坪を買収した小林は、まず池田地区室町の宅地造成から着手させた。一番町より一〇番町まで、碁盤の目のごとく一〇〇坪を一区画とし、建坪は二〇ないし三〇坪。二階建で五ないし六室の和洋折衷。庭園施設一式もついて、二五〇〇円から三〇〇〇円で分譲開始した。総戸数二〇〇戸。しかも頭金を売価の二割とって残金は一〇年月賦、一カ月二四円支払えば所有移転する方式にした。紳士服や自転車の月賦販売はおこなわれていたが、住宅のそれを思いついたのは小林が最初の人であり、これも「過去の情報」のなかから得たヒントだったのだ。

住宅月賦販売はバカ受けした。室町の二〇〇戸はあっというまに売約済になったばかりか、東京の女性雑誌が写真入りの『新宅物語』として新商売紹介記事にしてくれたおかげで、全国的にPRできた。予想を上まわる人気に気をよくした小林は桜井地区、豊中地区、箕面公園付近と開発をひろげていき、最終的にはそれらの面積は三一万二二六〇坪になった。

碁盤目に宅地を造成して分譲する、これをそっくり真似たのが西武鉄道の創業者の堤康次郎であった。〝ピストル康次郎〟といわれ、〝強盗慶太〟の五島慶太のライバルとなって、西武対東急の企業戦争を展開した彼である。

大正九年、堤は東京の目白に風致を害さないようにするため上下水道はことごとく地下を通し、電柱も立てさせず地下配線にした「文化村」をつくった。土地付き赤瓦の洋風文化住宅であり、これらを分譲したのだ。また軽井沢の別荘地開発と、西武電車が走る西武鉄道沿線に大泉学園住宅地造成にも着手、それらの分譲地もすべて碁盤目にしたのである。国鉄中央線の国分寺駅と立川駅間には勝手に国立駅をこしらえて、これを鉄道省に寄贈した。この一帯の一〇〇万坪を開発したがっている堤は、国鉄駅をおくことで交通の便をはかり、土地の値上がりをもくろんだのだ。

箕面有馬電鉄は岩下清周を社長に、小林一三が専務取締役になり、梅田―宝塚間の二四・九キロと石橋―箕面間の四キロの第一期工事が完工、定員六四人の小型ボギーの電車が走り出したのは明治四三年三月一〇日からであった。とくに新淀川に架ける鉄橋工事は難関であった。

朝日新聞がこのように報道した。

「梅田、池田、宝塚の三停留所には草花を以てアーチを造り、夜間はイルミネーションを点じ、沿道の各町村は国旗球燈を出し煙花を打揚げ、宝塚においては芸妓の踊屋台二台を曳出して賑を添え、箕面にては停留所を囲めるロケット型敷地の中央広場にて仁輪加、太神楽を催し、また中之島公園、北野梅花女学校前、野田の三か所より会社名入りの軽気球を飛ばし且つ百発の号砲を発す（後略）」

これらはすべて小林の〝企画演出〟によるものであった。初日の運賃収入は一六五〇円、二日目が一二一〇円、三日目が七五七円、四日目が一五六〇円とバラつきがある。

〽咲くや此花梅田より
　電車に乗ってゆく先は

の『箕面有馬電車唱歌』を作詞作曲してもらって小林は、大阪市内と沿道の小学校に配布、小学生たちに唄わせて流行らせた。もちろん、これも前例がない意表をつくPR作戦の一つであった。開通日に間に合うよう箕面公園内には箕面動物園をこしらえさせておいた。園内には大人も子どももよろこぶ鉄骨の回転展望車も設備して、それに乗れば大阪湾を眺望できるようにした。

「箕面有馬電車は遊覧電車です。自然を楽しみに郊外へ出かけましょう」をキャッチフレーズにした。これがピクニック熱を煽った。

『動物園唱歌』も流行させた。遠足児童たちがこれを合唱した。彼らには一枚の絵葉書と一本の小旗をプレゼントし、それを父母への土産物にさせた。こうした宣伝作戦も全国ではじめてのことである。

　小林自身はしかし、ひどい音痴であった。

音痴であったが故に、宝塚少女歌劇を成功させる結果になっており、なぜなのかを彼は、このように語っている。

「元来、私は音痴である。音楽がわからない低級さであるのをよく承知しているが、眼をつむってウツラウツラと舞台稽古を見ていて、それでもこの歌劇は当たる、これではお客はこない、という観測は、五〇年近いお客商売に功を積んだおかげでわかるつもりである。要するに芸術的批判の力はないが、商売的鑑賞の術を心得ているつもりである」

　音楽や芸能にくわしい人は、どうしても専門家的な眼で見てしまう。玄人の耳で聴いてしまう。そして専門家的にあれこれ批判するが、小林はわからないから逆に、第三者の立場で見たり聴いたりができるのだ。

　〝経営の神様〟といわれた松下幸之助が、開発した新製品についての説明を、担当技術者にしてもらったことがあった。技術者は誇らしげに、専門的知識と才能をひけらかしながら理屈っぽくしゃべった。それが終わるのを待って幸之助はたった一言、わずらわしげに問うた。

「……それでこの新製品を商品化して販売すると、なんぼ儲かりまんのや？」

技術者も重役たちも即答できなかった。

性能のいい、使うのに便利な電機製品だからといって、必ずしも人気商品になるとは限らない。彼らのようなスペシャリストは、製品を開発することでは人後に落ちないが、それが大衆商品として売れるか売れないかとなると、第三者的立場で判断できかねることが多々あるのだ。「なんぼ儲かりまんのや」はじつに〝経営の神様〟ならではの、簡潔にして肝腎の質問である。

小林とは親しくなる、朝日新聞を〝世界屈指の大新聞〟にした村山龍平もそうである。この新聞を創刊した村山は、もとはといえば雑貨品の零細な貿易業を営む、三重県出身の大阪商人なのである。

村山にとって「朝日」は、あくまでも儲けのための商品であった。ある人に頼まれて彼が持主名義人となり「朝日」の創刊号を明治一二年一月二五日に発行している。一部四ページで定価が一銭、一カ月の定期購読料は一八銭、発行部数三〇〇〇であった。

当然、儲かる新聞でなければ経営不能になってしまう。当時、新聞界は「大新聞」と「小新聞」に分けられていた。声高に漢文口調で政界や官界を攻撃論破するのが「大新聞」であり、採算など度外視して学識のある少数読者のみを相手にしていた。対する「小新聞」とは、花柳界の艶ダネとか、芸人ばなしとか、市井の桃色事件の報道を軟派調で売りものにしてきた。

村山はそのどちらにも偏せず、大阪商人のカンで硬軟とりまぜての、「大新聞」にあらず「小新聞」にあらずの中立色を強める編集方針をとった。お堅い官報もやわらかな瓦版記事ものせるのである。

これが日本人の好みにぴったり合った。発行部数を伸ばしつつ、大阪から東京へ進出してきたのは明治一九年であった。やがて二葉亭四迷、石川啄木、夏目漱石らが入社して健筆をふるうようになり「朝日」は知性派色を強めていった。そうしたスペシャリストたちを自由に活動させたのも、商品として儲かるからであり、音痴の小林に「この歌劇は当たる、これではお客はこない」がわかるように、村山も同じ立場にあるのだった。

## もうひとつの人口吸収作戦

今日の甲子園高校野球の前身である、全国中等学校優勝野球大会を「朝日」の主催にしたのは村山龍平だが、この企画をもってきたのは小林一三である。小林は沿線への人口吸収作戦の一つとして、木製スタンドがあるだけだが、当時としては日本一の広さといわれる豊中運動場（現在の伊丹空港の近く）を建設、中等学校野球大会を思いついたのだった。しかし、これを一電鉄会社が主催しても、全国的な知名度は望めない。ここはやはり新聞社の力を借りるのが賢明だと考え、当時の「朝日」の社会部長だった長谷川如是閑（のちの評論家・文化勲章を受賞）にもちかけた。

「費用は一万円もかかるそうです。野球ごとき運動競技のために、新聞社が一万円を投ずるなど無謀です」

如是閑は暗に拒絶させようとしたのだが、

「いや、野球熱は大学生のみならず、中学生たちのあいだにも広まるだろう。日本人好みの球技だ。すぐに準備にかかるがよかろう」

と村山は乗り気になって、その第一回大会が豊中運動場においてプレイボールになったのは、大正四年夏のことである。七三校が参加、うち代表一〇校が選抜されて、小林は村山とともに始球式に臨んだ。「朝日」は特集ページを組み『はじめて野球を見る人のために』という、野球ルールの解説記事をのせた。優勝したのは京都二中であった。選手たちは優勝賞品として腕時計を一個ずつもらった。

村山にしても小林にしても『はじめて野球を見る人のために』を読まなければならないていどの野球知識しかなかったのに、これが将来の人気スポーツになる、と予測するカンはあったのだ。そして的中したのだ。第三回大会からは阪神電鉄沿線の鳴尾運動場で、そして大正一三年の第一〇回大会からは完成した甲子園球場で開催され、現在に至るのである。

今日の夏の甲子園大会はNHKテレビが全試合を放映し、新聞もまた大騒ぎする〝国民的行事〟になっているが、村山も小林もこうまでなろうとは予想できなかったのではないか。「朝日」の全国中等学校優勝野球大会に対抗して、「毎日」の山本彦一が全国選抜中等学校野球大会を主催するようになったのは大正一三年四月である。その第一回大会は名古屋でおこなわれ、八校が参加して高松商業が優勝した。そして、第二回大会から甲子園球場に移して〝春の選抜〟といわれるようになったが、今日でも人気という点ではやはり〝夏の大会〟にはまだ及ばないのではないか。先発と後発の差であろう。

十二章

# 《孫子の兵法》に学んだ「利と害」

## ⑫ 社会、経済の動向を見きわめる

●何もそこまで無理することはないではないか。過ぎたるは及ばざるがごとし。何もしないのが、結果的には最善を尽したことになる場合もある。

## 小林一三の悲願——田舎電車を一流の路線へ!

箕面有馬電鉄もまた後発であった。

やはり先発の阪神電鉄には、いろいろな点で及ばなかった。小林一三があれこれアイデアを出してきて、宣伝戦略や人口吸収作戦を展開するが、大都市を結ぶ電車と田園を走るそれでは、差が歴然としていた。

先述のように阪神の開業初日の運賃収入が二三四九円あったのに対し、箕面有馬のそれはほぼ半分の一六五〇円にしかなっていない。一週間の平均収入をとってみても一〇九〇円である。

人気の差は北浜の、大阪株式取引所の株価にも現れた。

阪神のそれが一二〇円台であるのに、箕面有馬のほうは三〇円台だ。それから四二年後の昭和二七年の場合を比較してみると、阪神の資本金三億六〇〇〇万円に対し阪急(箕面有馬が社名変更されたのは大正七年)のそれは二倍近い六億円。営業距離も倍近い八一・八九哩。株価も阪神の七〇円台に対し一二〇円台となっている。

つまり、この四二年の歳月の流れのどの時点で逆転させうるか、一日でもはやくそうなりたい、それが小林の悲願になったのだ。

「阪神電鉄に勝ちたい、勝ってみせる！」

と呟かない日は一日としてなかった。

その歴程には難所がつづいた。さまざまな社会情勢の変化もあった。

成功に一喜し、失敗に一憂した。

まず開業早々、電車の衝突二件、三名の死者を出す事故が起こり、「ああ、やっぱり田舎電車はあかんワ。宝塚の山奥の地獄までつれてゆかれまっせ。乗らんにかぎる」と悪口をいわれた。

往来を歩くときの小林は、群衆から「人殺し！」と罵倒され、両耳を両掌でふさぎたくなったのも一度や二度ではない。


池田室町の分譲住宅が完売できたのは朗報だが、ここでも手痛い失敗があった。

現代ではどこのマンモス団地にも集会所や共同売店があるが、小林はその原型である購買組合と倶楽部を設置した。池田室町はあちこちから引越してきた人たちの新市街になったのだから、親睦を深めるためにもよろこばれ、大いに利用してもらえると思ったのだ。

購買組合の主要消費物品は米や薪炭などの日用品である。雑貨類もある。それらは大量に仕入れるわけだから単価は安くなり、したがって小売値も市価より下げることができる。伝票一枚の注文で配給するので、はじめのうちは薪炭でも酒でも味噌でもよく売れた。品質も信用できるので、重宝がられ感謝された。

ところが、どんな品物にも市場相場というものがある。この相場が高いときは問題ないが、生産過剰で下落してくると、行商人や御用聞きが売り込みにくる。出血覚悟でダンピングしているわけだから、当然、主婦たちはそちらの安いほうを買う。だからといって購買組合は仕入値を割ってまで値下げ競争はやれない。そんなことをすればたちまち赤字経営だ。安いほうを買う主婦たちを「購買組合のを買わないあんたたちは裏切者だ！」と怒鳴りつけるわけにもいかない。

結局、逆に主婦たちから「購買組合は市中の商店より高く売りつける。不当に儲けている」と敬遠されてしまった。

## 細心の注意で四周を見まわせ！

娯楽施設がある倶楽部にしても、すぐに飽きられ、だれも寄りつかなくなってしまう。日曜日さえも利用してくれない。

小林は「郊外住宅という一種の家庭生活は、朝夕市内に往来する主人としては、家庭から飛び出して倶楽部で遊ぶというのはよほど熱心の碁敵《ごがたき》でもあらざる限りは、やはり家庭本位の自宅中心になるので、まことに結構な話だが、要するに倶楽部など必要ないということになる」と悟らされるのだった。

あれほどPRした箕面動物園の経営も失敗に終った。当時、動物園は京都に一つあるだけで、子どもたちだけでなく老いも若きも珍しくて群がってきた。それでも失敗に帰したのだ。

現代のサファリパークと同じものを、その当時の小林は考えた。ライオンや豹などの猛獣に自然に近い生活をさせるため、鉄製の檻がない、猛獣舎があるだけのものにした。観客はその広い敷地を包囲している金網の外から観察するわけだ。

が、天災という危険があった。

地震が発生、岩山の一部が崩れたり樹木が倒れたりした。本能的に恐怖する猛獣たちが咆哮して暴れだした。軽微の地震でもこうなるのだから、大地震ともなれば金網も破れ、ライオンや象が脱走して市民を襲う……かもしれない最悪の危険が待ちうけているのだった。

そうしたパニックを想像しながら小林は、動物園そのものの経営すら不安になってきた。しかも猛獣の多くは熱帯産であるため、冬場の生育には暖房費がかさむし、維持費も予想外の金額になった。飼育係の人件費も莫大になる。

〈何もそこまで無理することはないではないか。過ぎたるは及ばざるがごとし。何もしないのが、結果的には最善を尽したことになる場合もある。電車の衝突事故で三名の乗客を死なせたことよりも、もっと悲惨な事態になりかねないぞ。もっと細心の注意を払って四周を見まわすべきだ。『孫子』は、つねに指揮官たるものは十字路に身を置け、と教えているではないか〉

## 再び見い出された「孫子の兵法」

三井銀行の「紙くずの捨て場所のような」調査課にいた時分、小林は屈辱を忘れたくて兵書の『孫子』を精読したことがある。

とくに「計篇」が教えている「五事七計」に感心させられた。指揮官（経営者）たるものは十字路に立って東西南北を見通すがごとく、天下の形勢や経済界の動向を見きわめて戦争（取引）を断行すべしというのだ。いまその『孫子』が役立つときだ、と小林は思うのだった。

また、その中の「九変篇」はいう。

「およそ戦争の原則としては、高い陵《おか》にいる敵を攻めてはならず、兵を背にして攻めて来る敵は迎え撃ってはならず、嶮《けわ》しい地勢にいる敵には長く対してはならず、偽りの誘いの退却は追いかけてはならず、鋭い気勢の敵兵には攻めかけてはならず、こちらを釣りに来る餌《えさ》の兵士には食いついてはならず、母国に帰る敵軍はひき止めてはならず、包囲した敵軍にはかならず逃げ口をあけておき、進退きわまった敵をあまり追いつめてはならない。これが——この九通りの変わった処置をとることが——戦争の原則である」（東北大学中国哲学研究室・金谷浩訳注＝岩波文庫）

これも小林は好きで「この戦略は商略におきかえてみてもぴったり」だった。戦国時代の織田信長・豊臣秀吉・徳川家康・武田信玄らが、競って空理空論のない『孫子』をマスターしたばかりでなく、平和な江戸時代にあっても漢学者の荻生徂徠《そらい》、政治家の新井白石らも熱烈に研究したのが、小林には納得できた。前出の松下幸之助は、

「名将は、軍をひくをもって名将としている。進めるのはだれにでも進められる。槍の名人またしかり。槍を突きだす速さより、ひく速さが大事だという。ひくのが遅れれば逆にやられてしまう」

と忠告するが、これも『孫子』の兵法から学びとったものだ。

結論として小林は――

「動物園はとりつぶし、公会堂は移転させ、箕面公園は以前のように自然の景観を楽しめるだけのものに放置しておきたい。何もしないのが、結果的には最善を尽したことになりそうだ。経費をかけて遊園地とし、客を集めるのは自然公園ではない」

ということにした。

それが正解であった。むしろ箕面公園は動物園や公会堂があったころよりも人気が出て、大阪市民のレクリエーションの場となった。春は桜見、夏は新緑がいっぱいの涼しい木陰、秋は全山燃ゆるがごとき紅葉の名所として、大いによろこばれたのである。

## 箕面公園の「利と害」から宝塚温泉建設へ

しかし、そうなればなるで小林には、もっと美しいものにしたい欲が出てきた。森林と渓流の自然の大観をさらに充実させたくて、山上に湖をこしらえたくなったのだ。

その湖水をみごとな滝にするため、ダムを建設させる。湖畔には針葉樹や落葉樹を植林して、それらの影を落とさせて湖面をもっと深い緑にする。日光の中禅寺湖や箱根芦の湖の絵のような景観を、ここにもつくりたいと夢想するのだった。

〈何を言いだすのだ。それではまたしても人工の景観をつくり、自然を破壊することになるではないか。何もしないのが最善を尽したことになる、もうそれを忘れたのか。箱根芦の湖そっくりの景色を完成させれば、そのつぎは富士山を背景につくりたいと言いだすだろう。そういう男なんだ、おまえは〉

と自問自答、迷っているうちに新たな悩みのタネが出てきた。今日でいうところの公害や自然破壊である。

箕面有馬電鉄を利用して大阪から、群衆が遊びにくる。団体客もある。そうなってたちまち俗化していった。草花は踏みにじられ、紅葉した枝は無残に折られ、弁当の空箱やらビール壜やらが棄てられて、渓流もゴミの川になってしまうのだ。繁みの中では男と女の交戯がはじまり、風紀も悪くなっていく。酔っぱらいの喧嘩もはじまる。煙草の火が山火事の原因になりかねない。

つまり、群衆が遊びにきてくれなければ箕面有馬電鉄の〝ドル箱〟にはならないが、自然美が破壊されてしまっては何もならぬ、というわけだ。だからといって大量の監視員を配置し、巡査と同様に横柄に叱りつけたのでは、大方の不興を買うだけのことだ。

〝関西の箱根芦の湖〟づくりの夢想は吹っ飛んでしまい、小林は俗化防止の対策を考えなければならなくなった。

〈客の大半をべつの、レクリエーションの場所へ誘導するというのはどうか〉

と思いついたのは、同じく「九変篇」にこのように教えているからである。

「智者の考えというものは〔一つの事を考えるのに〕必ず利と害とをまじえ合わせて考える。利益のあることには害になる面を合わせて考えるから、その仕事はきっと成功するし、害のある事には利点を合わせて考えるから、その心配ごとも無くなるのである」（前掲書）

これを小林なりに敷衍《ふえん》して構想したのが、宝塚新温泉の建設であった。

箕面公園の「利と害」を宝塚へ移す。宝塚においても当然「利と害」は生ずるだろうが、そうすることで少なくとも箕面公園の自然保護は果たせる、と思慮したのである。大阪市内から箕面支線で箕面公園へ出かけるのも、宝塚線で宝塚新温泉へ遊びにいくのも、同じ箕面有馬電車を利用してもらえることになるのだから、電鉄の営業成績が低落するようなことはない。

が、新温泉建設に着手する以前に、小林にはやらねばならぬ重要な要件があった。資金を捻出するための社債発行である。

# 十三章

# 浪人、闘病、投獄生活が
# 実業家をしたたかにする

## ⑬ 実業家が通る三つの段階

●実業家が実業家として完成するためには、三つの段階を通らねばならぬ。その一つは長い浪人生活、その二つは長い闘病生活、そしてその三は長い投獄生活だよ。

## 社債発行を野村徳七へ依頼！

箕面有馬電鉄の社債発行は、日本の経済界でのはじめての快挙であった。

発行額面は二〇〇万円。常識として社債の引き受けは信用ある一流銀行、ないしは信託会社などの金融機関に一任するものだが、小林一三はなんと株式ブローカーとして軽視されていた野村徳七に依頼したのだった。関西の財界人や証券界がびっくりしたのも当然である。

のちに大正時代になってのことだが、前出の堤康次郎も二〇〇万円の社債を発行したことがある。彼が経営していた箱根土地会社の所有地一〇〇〇万坪を担保に社債を発行、苦境を乗り切ろうとしたのだ。

引き受けてくれたのは東京の、神田銀行の経営者である神田鐳蔵《らいぞう》だった。期限は三カ年、一年半で切り替えるという条件で、神田銀行を受託銀行にしたのだ。

それなのに、一年半の切替期間が迫ってきた某日、神田側からの不意の申し出があった。

「社債切替はお断わりする。ほかの銀行にたのんで、当方へはお返し願いたい」

という冷淡そのものの態度だ。

康次郎にすれば青天のへきれき。

「神田側の狙いは会社つぶしだ。担保に入れた一〇〇〇万坪がほしくなったのだろう。そっくりわしから横領するつもりだ！」

と康次郎は激怒したものの、打つ手はなかった。切替期間がきてしまい、箱根土地会社は不渡となった。東京証券取引所での同社株は暴落したばかりではなく、大正一五年三月二一日付をもって売買中止になった。これより同社は非上場になってしまったのである。

人びとはこれを「神田銀行不渡事件」と呼んだ。康次郎はしかし負けなかった。

「こうなったら、地獄に堕ちなばもろともだ。あの鐇蔵にだけは渡したくない。何がなんでも奪われてなるものか！」

と、担保物件になっている一〇〇〇万坪を勝手に放出しはじめた。さすがは〝ピストル康次郎〟の異名をとるだけの男である。もちろん、事情が事情だけに、足もとを見られて買い叩かれる。多年にわたり辛苦しながら入手してきた、軽井沢や箱根の別荘地、東京市内の宅地が哀れにも二束三文にしかならない。

それでも神田銀行のものになるよりはましだ、と康次郎は歯をくいしばった。そして、売れただけずつ、その代金は神田銀行に納めさせた。何十年かかろうとも、資金苦がつづくとも、こうして意地一本で返済していったのである。

## 「阪神電鉄包囲作戦」へ

小林の場合も、そうならないとは保証されていない。野村徳七が同じような手口で、箕面有馬電鉄の資産を乗っ取ってしまうかもしれない。が、そんなことは絶対にないと小林は〝相棒〟を信頼したのであり、〝調査の野村〟の徳七もこれに誠意をもって協力した。

野村証券は箕面有馬電鉄の経営内容と、会社の前途の将来性を投資家たちに喧伝し、自分でも買ってたちまち社債を売り尽した。これに成功したことは、株式ブローカーとして軽視されてきた徳七自身の、そのイメージを払拭するものになった。

小林が徳七と祝宴を張っているとき、

「松永安左衛門氏が福岡で逮捕された！」

の連絡があった。

二人とも棒を呑んだような顔になった。これは小林とて傍観してはいられぬ、箕面有馬電鉄新線問題にからむ疑獄事件の発生だったのである。

間もなく小林もしょっ引かれたが、発端は電鉄事業とは何の関係もない、地方政治家たちの権力抗争だった。

このころの阪神電鉄の実力者は、山陽鉄道社長時代のあの中上川彦次郎を追い出した一派である今西林三郎。彼のことを快く思っていない神戸の財界人たちのあいだで、一つの大計画が画策された。「阪神電鉄包囲作戦」であり、その主だったものは神戸電鉄社長の村野山人、川崎造船社長の松方幸次郎、そのほか資力の豊富な〝灘の生一本〟の酒造家たちだ。

彼らはまず資本金二〇〇万円の灘循環電気軌道の認可を出願。同じように小林一三も出願していた十三《じゅうそう》―西宮間の西宮線が実現すれば、これに接続させようと構想した。「阪神電鉄に勝ちたい、勝ってみせる！」が口ぐせになっている野望満々の小林は、チャンス到来とみてこの「阪神電鉄包囲作戦」に乗り、西宮線出願理由をこのようにした。

一、現在、阪神電鉄は、朝夕乗客のもっとも多い時は二分半〜三分発車であるにもかかわらず、乗客の大部分は立っている有様で、現在以上の乗客を輸送することは不可能である。

二、阪神電鉄の定期客はすでに六〇〇〇人以上である。沿道の発展によって、将来乗客が増加するため、さらに一線が必要となる。

三、灘循環線は神戸電鉄と相俟って滝道に乗り入れ、神戸の中心を発着点とする設計であるので、当社の出願線で許可になると、阪神間の直通客にはたいへん便利になる。
四、許可を得れば、阪神電鉄が一割三分の配当をつづけても、当社は八分で満足し、その賃銭は阪神電鉄よりも引き下げることができる。
五、阪神間の前途を思い、株主に対する重役の義務としても、この有望線の出願権を留保する必要あり。

さらに小林は、包囲を完全なものにするため、箕面有馬電車を京阪電鉄にも連絡させたくて、同電鉄の野江駅でドッキングする野江線の認可出願をも提出。

「阪神電鉄を包囲するだけではなく、将来は京阪電鉄、近畿電鉄、南海電鉄なども含めて関西の全私鉄の大合同をはかる」

のが松方幸次郎や小林一三の最終構想になっていった。

## 阪神対阪急の企業戦争勃発！

これに対して阪神電鉄は、小林ひとりを標的にして、猛然と襲いかかった。

今西林三郎は「小林の真似ばかりしている」と笑われるのものともせず、小林が刊行したのと同じような『市外居住のすすめ』というパンフレットを配布し、小林の住宅月賦販売に対抗して御影、西宮、鳴尾地区を開発、そこに一九戸と六五棟の賃貸住宅を建てた。それらの投資総額は二二万六三〇〇〇円になった。

また遊園地事業にも力を入れ、芦屋川遊園地に投資したり、豪商香野蔵治が所有していた八万坪に香枦園をつくり、大運動場、庭園、旅館、茶亭、奏楽堂、その海岸には海水浴場も開いた。当時としては最大のレジャー施設であり、さらには六甲山を買収してケーブルカーを敷設、鳴尾競馬場（のちの関西競馬場）の建設もすすめている。

だから逆に今西は、灘循環電気軌道を強引に阪神電鉄に吸収し、箕面有馬電鉄の〝孤立化〟を策したのである。これ以来、阪神対阪急の企業戦争は延々とつづくが——問題は野江線の認可出願であった。

当時、大阪市の市政を牛耳っていたのは松村敏夫という助役とその一派で、小林は『逸翁自叙伝』の中にこう記述している。

我々は、直ちに野江線認可の手続に着手した。その時、どうすれば市会の承認が得られるか、誰に相談すれば文句なしにうまく進行するかに就き、天川、七里、松村三氏（註—松村助役派）の力を借るより外に途なしという結論に達したけれど、私は従来、嘗ってこの三氏とは何等の交渉も関係もない間柄であるから、私が主謀者として策戦する資格はない。誰かの注意と援助によって、市会の承認を得たのであるが、この時、一役買って出て我々の仕事を助けてくれた黒幕の一人に、松永安左衛門君が潜在していたのである。

既述のごとくスッテンテンになっていた学友の松永の長屋住いに、小林が書籍や掛軸の風呂敷包みをかかえていって差入れした……そのクールな友情に感泣した彼が、恩返しのつもりで暗躍したのだった。

おかげで箕面有馬電鉄は大阪市の認可を得たが、しかしながら無事には済まなかった。市内電車問題でゴタゴタがつづき、このときとばかり松村助役とその一派を失脚させたがっていた反対派が、警察当局に汚職があった事実を密告した。その一つに野江線問題も含まれていて刑事事件にまで発展した……その結果が松永のみならず、小林の逮捕になったのだ。

## 小林一三の「獄中生活」

この事件に巻き込まれた小林について、松永は『私の履歴書』（「松永安左衛門著作集」第一巻＝五月書房刊）に、このように記録している。

当時、大阪市電路線の敷設にからんで動いていた検事局が野江線問題に波及してきた。小林一三が計画していた箕面有馬電気鉄道が京阪電車と連絡するため支線をつくったのが野江線で、この許可を得るため私が市会議員二名に同社の増資新株を分けたことである。（中略）堀川監獄に入れられ裁判所に行く護送の馬車に乗ると、真中が仕切ってあった向こう側に、小林が編みがさ姿でションボリ乗っていた。

小林はプレミアのついた新株を松村敏夫、天川三蔵、七里清介の三名に贈ったに相違ない、松永はその間にあっせんの労をとった、それはすでに三人が自白している、しかし君たちが言わなければ、やった人もないのにもらった者だけ罰することになるので、そんなわけにはいかぬ、したがって本件は成り立たなくなり社会正義にそむくこととなる、明白に証言してくれ――。

取り調べはこんなふうにすすんだが、私がやらんと言えばひょっとしたらもらった三人も罪が成立せずうやむやになるかもしれない、小林も頑固だから自白しないだろう、それに義理としても言わんに限ると考えた。そうなるとこんどは私が偽証罪になるという。かれこれ二十回以上呼び出されたがラチがあかない。（中略）どうしても言わなかった。そうすると二、三日たって福沢桃介が来て、

「君すんだよ、明日は出られる。君の代理ということにし僕が裁判所に行き、松永は確かに小林と被告の間に介在して世話をしたけれど、詳しいことはわからん……ということでよければ、松永の代わりに判を押すと言ってもう押して来たよ……」

という話で、その晩のうちに出された。この事件は小林と私が人生の波乱を受けたひとつであるが、そのとき私が少々あわて気味だったのに比べると、小林は胆力というか、なかなか度胸がすわった男だったと思う。

松村助役は有罪判決となり、一生を棒に振る運命からのがれられなかったが、小林と松永は無罪であった。それというのも当時の法律では、贈賄側は罰せられず、収賄側だけが罪人にされたのだ。しかし収監されていたあいだの苦痛を、松永は「獄中生活は独房に起居し、声を出してはいけなかった。便所がついていて、朝起きるとそのそうじをする」と書いている。小林もそうだったのである。

拘置中の彼は「三井銀行時代の小林蝶左」になりきり、検事の訊問もかるく受け流していた。うまい下手は問題ではない。句作に没頭させることで、針のむしろに座らされている自分を耐えさせているのだった。

釈放されて出てきたとき、事件のことには一言もふれることなく小林は、

「こんなのができたんだ。ちょっとしたもんだろう。あの世の松尾芭蕉もほめてくれそうだ」

句作したメモ用紙を松永に見せた。獄中で俳句をひねっていた小林に、松永は改めて感服させられた。

## 「実業家が実業家として完成するためには……」

この疑獄事件はあの政界官界をゆるがせた江副浩正の未公開株譲渡「リクルートコスモス問題」と相似しており、小林の〝教え子〟の五島慶太も、贈賄容疑で獄中生活を体験した。〝強盗慶太〟が警視庁に連行されたのは、昭和九年一〇月のことであった。

それより半年前の四月、帝国人絹会社（現在の帝人）の株式買い受けをめぐっての疑獄「帝人事件」が発生、現職大臣や高級官僚らがつぎつぎと拘引されて騒然となったものだが、それにつづく五島の逮捕もまた世間の関心を集めた。

というのも彼は目蒲電鉄の経営につづき、渋谷――横浜間の東横電鉄の建設にも成功、その沿線の日吉に慶応義塾大学を誘致して有名になっていたからである。この大学誘致合戦は東横電鉄・小田急電鉄・西武鉄道によっておこなわれたが、小林一三が慶応大学内での発言力もあるOBであったため、東横の誘致に応じてくれるよう働きかけたおかげだったのだ。

五島は一八二日間も市が谷刑務所の未決監にほうり込まれ、東京地検の検事らによって取調べられた。東京市長選挙にまつわる贈収賄事件に巻き込まれたのである。

前東京府知事の牛塚虎太郎が東京市長に当選した。東京府会内で不浄の金銭がうごいているという〝黒い霧〟事件に端を発し、市長選挙の場合もそれを匂わす怪文書が飛び交い、

「牛塚市長に対して五島慶太が、一〇万円を渡した事実があります。五島は慶応大学の日吉誘致に成功したのち、東京府立高等学校と昭和女子薬学専門学校の誘致も実現させ、さらに青山師範学校の駒場町下馬への移転も決定させました。このさい同地二万坪を下馬土地区画整理組合より買収するに当たり、当時の府知事牛塚に斡旋を依頼しており、一〇万円を贈賄しているのであります」

という意味の、内部事情に精通しているものの匿名投書があったことから、警視庁が内偵をはじめたのだった。そして確信を得た検事が強制捜索に踏み切り、押収した目蒲電鉄の関係書類のなかから使途不明の仮出金伝票を発見、五島逮捕となったのだった。それで

も彼は小林や松永がそうであったように、一〇万円の追及に対しては一八二日間、知らぬ存ぜぬ記憶にないの一点張でおし通した。

一つだけ気がかりなことがあった。来る一一月一日、東横電鉄は渋谷駅に建設中の東横百貨店をオープンすることにしていて、その初日に参加できないことである。これは経営者としては、拷問にかけられる以上に苦痛であり、無念きわまりない。しかし五島には俳句の趣味はないので、

「シェークスピアの、マクベスの科白《せりふ》に『嵐のなかでも時間はたつ』とある。独房内でわたしは、それを毎日、何十回となく眩きながら耐えた。自分を慰める唯一の言葉でした」

と、のちに告白している。ただひたすら石のごとく沈黙を守って、非難の嵐が通りすぎるのを待つしかないというわけだ。

弁護士が苦心の末に、使途不明の一〇万円の行方をつきとめた。川崎財閥の代表者である川崎肇（日本火災保険社長）に、小切手で手渡されていた。川崎もそれを認めた。五島が常務取締役として経営に参加していた池上電鉄を、一〇〇万円で買収することが決定、その頭金にするため株式売買でこしらえた一〇万円だった事実が判明したのだ。

ようやく保釈申請が受理され、半年ぶりに娑婆に出てきた五島に、小林がこういった。

「実業家が実業家として完成するためには、三つの段階を通らねばならぬ。その一つは長い浪人生活だ。その二つは長い闘病生活だ。そしてその三は長い投獄生活だよ。この三つのいずれかを体験してこそ、ほんとうの人間ができていくものなんだ」

何の苦労もなく育った人には、人情の機微はわからないから大成しない……そうも言っているのであり、このとき小林六二歳、五島は五三歳になっていた。

昭和二三年に、GHQによる財閥解体後の野村証券の社長に就任した奥村綱雄は、小林のこの「実業家が実業家として……」の苦節の経験主義が好きで座右の銘にしたが、さらにそれを敷衍して彼は、こうも説いた。

「実業人としてほんとうに仕事をするのは、四五から六五歳までの二〇年間だね。四五まては仕事をしっかり覚え、経験を積み重ね、心眼を開く準備期間だ。そして四五から真の仕事がはじまり、それから六五歳までの二〇年間に、その人の実業家としてのバックボーンができあがるんだ」

また、五島慶太と東京帝大の同期生である河合良成は「帝人事件」に連座、無罪にはなったものの辛酸を嘗めさせられることになる。事件後五年間は浪人。太平洋戦争中に東京市助役になり、戦後は第一次吉田内閣の厚生大臣に抜擢されるが、GHQの公職追放令によってまたしても浪人。労働攻勢で経営不振に陥っていた小松製作所の社長に迎えられ、同社をみごとに再建して財界人になった……というふうで〝風雪〟が鍛えてくれた自分の人生を振り返ってしみじみと言う。

「人間には二つの型がある。一つは謹厳実直、刻苦勉励しながら一段一段と出世していって社長になるタイプ。もう一つは、山あり谷ありの生涯を送る、いわゆる暴騰暴落型だ。わたしは疑いもなくその後者に属するタイプだが、しかし暴騰暴落をくり返しながらも、少しづつ上昇のカーブを描いてきた」と。

小林一三・松永安左衛門・五島慶太らはやはり、河合のいう「後者に属するタイプ」である。それだけに人間臭さがある。

# 十四章

# 《失敗を成功に転じる》商法

## ⑭ 計画性のない仕事には限界がある

●大きくなる人、どこまでも発展する人、行きどまる人、縮こまる人、その運命は断じて偶然ではない。

## 終点宝塚駅にモダンな温泉楽園を！

箕面公園の「利と害」を宝塚へ移す。宝塚のほうにも当然「利と害」はあるだろうが、そうすることで少なくとも箕面公園の自然保護は果たせる……小林一三のこの構想も、すんなりとは実現させてもらえなかった。

有馬温泉の開湯の歴史は古い。古代からいわれており、湯泉好きの豊臣秀吉が入湯してさらに有名になった。しかし六甲山の北側——神戸から見れば六甲山の裏側に位置するため、いかにも交通の便がわるい。箕面有馬電鉄の終点が宝塚になったことで、大阪市民にはぐんと近くなったものの、それでも宝塚からもまだ温泉馬車に乗り継がなければならなかった。

豊臣秀吉が名付けたとの伝えがある金銀二泉があって、金泉は含鉄強塩類泉、銀泉のほうは炭酸泉だ。小林にとっては、東京からつれてきた新妻をほったらかしにして二日間、コウと睦み合った甘酸っぱい思い出があるひなびた情緒の温泉場だが、事業の対象としてみた場合はこのままではものにならない。

刺激がなければどうにもならない。そこで終点宝塚に新しい施設のモダンな温泉場をこしらえ、有馬温泉そのものを交通便利なところへ引っぱり出してくるかたちにする……そのように計画した。大阪市民にとっては、〝関西の奥座敷〟である和歌山の白浜温泉よりも近くなる。

それも日本最大の規模のもの——東の熱海、西の別府に劣らぬ近代的スタイルのはなやかな湯の町にする。元湯はパイプで有馬から引いてくる。それを高台に設備したタンクにプールする。そうすることで旧温泉場のほうも連鎖的に発展していく、と小林は考えて地元の有力者たちとの交渉にはいった。


とたんに、蜂の巣をつついたみたいな騒ぎになった。

「小林一三はペテン師だ、信用するな」

「箕面有馬電鉄は看板に偽わりあり。社名に有馬がはいっているのだから、一日もはやく有馬温泉駅をこしらえて、そこを終着駅にすべきだ。それなのになぜ宝塚までしか通していないのか。宝塚に新温泉をつくるより、古来からある有馬温泉の発展に尽力すべきである」

「小林には最初から、有馬まで鉄道を敷く気はなかったんだ。だましつづけてきたんだ!」

元湯の使用権を握っている連中や、土地の値上がりをもくろむ地主らが、こぞって反対運動をおこしたのである。小林がいくら口酸っぱく口説いてみても、頑として応じない。ばかりか知恵をつけるものがいて、大反撃に出てきたのだ。

「有馬の住民であるみんなが、箕面有馬電鉄がもっている宝塚――有馬間の特許権を放棄させれば、三田に通じている神戸電鉄が、神戸――有馬間をつないでくれる可能性も出てくるんだ。このままでは永久に有馬は孤立する」

というそれを信じたのだった。

小林は二者択一を迫られた。宝塚から有馬までの一〇キロメートルの軌道を延長させるか、特許権を放棄して宝塚新温泉の建設に全力投球するかである。

## 「女性と子供を主役にする」アイデア商法

住民運動は日に日に盛りあがり、ついに小林は、箕面有馬電鉄には将来も延長工事に着手する意思がないことを、公表せざるを得なくなった。しかし無念ながら特許権を放棄した、その結果が自分の予測どおりになったことを、彼はこう書いている。

私は屈服した。かくして三田、有馬間の地方鉄道法による五朱配当保証の会社ができて、箕面電車の特許権が無償によって譲渡せられ、その大部分が活用されたのである。箕面電車の幹線として計画されて居った宝塚有馬間の電車は、ここに永久に葬られたのである。これは有馬温泉のプラスであるか、マイナスであるか、恐らく今なお疑問とするところであろう。何となれば、三田と有馬間の鉄道はできたけれども、有馬は依然として昔のままの有馬である。

その当時は河原に新しい大衆浴場ができ、イルミネーションのレストランが、線香花火のごとく輝いたけれど、それもこれも一瞬の夢に終った。そして有馬町は再びもがき出した、神戸から有馬へ、更にその地方鉄道を包容して三田までの電気鉄道が敷設された。これが現在の神戸有馬電鉄である。

神有電鉄の開設によって、再び有馬は線香花火のごとき景気を演出したのである。しかし有名なる有馬温泉、奈良朝以来数代にわたって、しばしば行幸を得た信仰と伝統と、千二百年からの古い歴史を持った有馬温泉の現状は如何。およそ計画性のない、大局の見通しのつかない、小細工、小器用の、器用貧乏の、この種の仕事の範囲には、限界がある。これはいずれの事業においても、会社組織でも、個人の仕事でも、大きくなる人、どこまでも発展する人、行きどまる人、縮こまる人、その運命は断じて偶然ではない。理想を持って、計画性をもって、辛抱力の強い、堅い信念にもとづく、そして胆大心小の精神的指導力が必要であることを痛感する。(『逸翁自叙伝』)

そのように「計画性のない、大局の見通しのつかない」有馬温泉になっていくとは予想できない住民たちは、小林が特許権を放棄した、そのことだけを鬼の首をとったかのごとくよろこんでいたが、小林は宝塚新温泉の建設をいそがせた。武庫川原の埋立地を買収したのである。

もはや〝名湯〟があるというだけでは客は集められぬ……そういう時代にきていると看破した小林は、ここに大衆娯楽施設のすべてを集中させた。武庫川は水量が少なく、河原は四季を通じて殺風景であった。大衆娯楽施設《パラダイス》のすべてを完備した新温泉を建設するとともに、この殺風景を一変させるべく、上流にダムをつくり、美しい湖にして舟遊びもできるようにしたかった。理想的な観光地にする自信が溢れていた。

しかし武庫川の両岸が埋立地であるため、湿地と化してしまう恐れがあり中止せざるを得なかった。それだけにまた小林の、温泉の〝傑作〟を創りたい情熱はみなぎっていた。

宝塚新温泉は明治四四年五月一日に開業した。東の熱海にも西の別府にもないハイカラなものとなった。宏大な浴槽はローマ風呂そっくりの大理石造りであった。毎日、数千人の浴客を誘致して繁盛した。

婦人化粧室、婦人専用休憩所、子どもたちの遊戯場などもあり、これは小林の「女性と子どもを主役にする」アイデア商法の一つだった。食堂のほかに、今日のグルメ時代を先どりしているような、有名「うまいもの店」も出店させた。園内の武庫川にのぞむ掛桟敷で食べさせる「鳥菊」の親子丼は最高の人気であった。「鳥菊」は大阪では「出雲屋」のうなぎ、「いろは」の肉丼とともに、一、二を競う浪花名物なのである。

翌四五年七月には、新温泉に連絡するパラダイスの新館を落成した。水泳プールを中心としたサマーランドだが、これは失敗であった。オープン当時はヤングたちに人気があって、常時一〇〇人を超える入場者であったが、公衆浴場とみなされて男女の混泳が許されていないため、若い女性の水着姿が見られなくて、若者たちは失望したのだった。やっぱり泳ぎは阪神電鉄沿線の香枦園海水浴場のほうがいい、海ならば男女べつなくはいれる、というわけだ。

仕方がないから小林は、プールを板でおおって広間にし、結婚博覧会、婦人博覧会、芝居博覧会、家庭博覧会などをシーズンごとに開催させた。こうしたイベントも、全国ではじめてのこころみであった。彼にとってもまさに「失敗は成功のもと」だったわけだ。

## 宝塚の少女歌劇、その原点

ふらりと入った大阪の三越百貨店で、少年音楽隊が演奏しているのを見た。赤地格子縞のスカートをはき、鳥の羽根のついている帽子を小粋にかぶったスコットランド風制服姿のかわいい楽士が、クラリネットやチューバやドラムで合奏している。

これは東京本店の日比翁助が、児童博覧会に花をそえる目的で美少年楽士を養成させ、大阪店でも同じように組織したのだ。東京のそれは三越の店内ばかりでなく、博覧会場や日比谷公園音楽堂などの出張演奏をおこなっており、宣伝効果もあげている。美少年ばかりだから、とくに女学生たちに人気があるという。

〈うちのパラダイスでもこれをやろう〉

たちまち小林はその気になった。成功の秘訣を問われたときの古河市兵衛が「特別のことをやったわけではありません。わたしは他人が掘った坑道を、さらに大きく掘らしただけです」と答えたそれである。そっくりそのままの三越少年音楽隊を……というのではなく、小林自身も「さらに大きく掘る」ことを考えはじめたのだった。

彼は、美少年を美少女に置きかえた。

少女唱歌隊を編成することにした。これはものになる、と確信した。先述のように音痴であっても小林は「芸術的批判の力はないが、商売的鑑賞の術を心得」つつあったのだ。

## セールスポイントはただ一つ

そのころ、上京しなければならぬ用事ができた。その帰りにオープンになったばかりの帝国劇場に、のちに『蝶々夫人』で世界的なプリマドンナになる三浦環《たまき》の、オペラ『熊野』を観にいった。彼女の最初のリサイタルである。

日本語で歌う独得の科白《せりふ》が、当時の観客にはまだなじめず、突拍子もない悲鳴に聞こえるためつい笑い出してしまう。大阪ではまだオペラのオの字も知らず、吉本吉兵衛が北野天満で寄席「花月」を経営（明治四四年）するようになり、これが〝演芸王国〟吉本興業のスタートであり、その「花月」の落語や漫才に拍手喝采していた。

小林は幕間に、大衆席がある三階へあがってみた。そこの正面席に男女学生の一団がいた。彼は演劇記者みたいに、オペラの感想を求めた。彼らは口々に、ゲラゲラ笑う一階一等席の野暮ったい観客を軽蔑し、三浦環の声量のすばらしさを礼讃した。

「なるほどねえ……そういうものですか」

と感心しつつ、小林はその場を離れた。

オペラに限らず演劇音楽は、いつの時代でも若者にウケなければダメだ。流行は若者たちが創る、いまに日本にもオペラ全盛時代が遠からずやってくる……そう思いながら。


三浦環とは上野音楽学校の同期生で、やはりオペラシンガーである小室智恵子が、縁あって宝塚少女唱歌隊を指導してくれることになった。一〇代半ばの少女たち一六人がメンバーとして厳選された。さっそくパラダイスのプール跡を劇場に改装、六〇〇人の観客を収容できるようにした。大道具、小道具、照明施設なども備えた。

小室智恵子は教えるのに熱心なあまり、

「やはりオペラには男性が必要です。男性もメンバーに加えてください」

と小林にたびたび迫った。渋い顔で彼は首を左右に振りつづけた。その理由は「もしその時、男女共習を実行したとせば、少女歌劇という変則の宝塚専売の芸術は生れなかったであろう。そして男女本格的の歌劇があるいは育ち得たかもしれない。あるいは育ち得るまで至らずして挫折したかもしれない……ただ経費の一点と、少女たちを囲む若い男の世界が危険であること、そのオテテコ芝居（註・御出木偶芝居＝江戸時代の江戸三座以外の小芝居）めいたオペラが想像し得なかったから、一番無事ですでに売り込んでいる三越の少年音楽隊に競争しても、宝塚の女子唱歌隊ならば宣伝価値満点であるという、イーヂゴーイングから出発したものであった」（『逸翁自叙伝』）のだった。

小林流の「その第一は、事業は大衆を相手にした事業でなくては成功しない。知識人相手の品よい商売など微々たるものだ」は、このケチケチ商法が偶然に生み出したものだ。「男女本格的の歌劇」をつくっていれば高尚だが、「少女歌劇という変則の宝塚専売」のように大衆受けはしなかったというわけである。

のちに『宝塚バラエティ』（昭和六年）に加えてもらった男がいる。オールドファンには懐しい古川ロッパである。彼は文藝春秋社発行の『映画時代』の記者だったが、菊池寛と小林一三に俳優転向をすすめられ、男性加入のレビュー『宝塚バラエティ』に初出演、これがきっかけでエノケンと人気を二分する喜劇俳優になっていった例外はあるが、小林はやはり「少女歌劇という変則の宝塚専売」に固執しつづけた。

「少女唱歌隊だからといって、たんに学校用の唱歌では売りものにならない。学校の延長ではダメだ、舞台でのオリジナルなものでなければ」

と考えて小林は、教材になるものを捜させた。世間に発表されているものには、本居長世の喜歌劇『浮かれ達磨』と北村季晴の歌劇『ドンブラコ＝お伽桃太郎一代記』があるのみだった。稽古させているうちに小林は、少女唱歌隊よりも宝塚少女歌劇団のほうがネーミングがいい、と思い改めた。

婚礼博覧会の添えものとして宝塚少女歌劇団の処女公演の幕を開けたのは、春爛漫の大正三年四月一日であった。大阪毎日新聞が、このように紙面に紹介してくれた。

とくに愛らしきは昨年八月以来、五人の音楽家と三人の教師によって仕組まれたる一七人の少女歌劇団が、無邪気な歌劇『ドンブラコ』四幕や意外に整頓したオーケストラや、合唱、独唱や、若い天女のような数番のダンス等にて、これら若き音楽家たちは、いずれも良家の児の音楽好きを選べるにて……（後略）

とあり、小林にとっては幸先がいいスタートだった。二日めからは満員札止めになるほどの盛況で、経費の節約と、少女たちの処女を守りたいために男性メンバーを加えずにはじめた、この変則宝塚専売の芸術がバカ受けしたのだ。初年度の大正三年の宝塚新温泉の入場者数は二〇万人、それが年々、一〇万人ずつ増えていった。このころから東京浅草でも、大衆演劇である浅草オペラが盛んになってきた。高木徳子一座が常盤座で、石井漠らの東京歌劇座が日本館で上演するようになったのである。

小林は、自分でもオペラの台本を書くようになった。彼とすれば「計画性のない、大局の見通しのつかない」有馬温泉の経営者たちに見せつけるべく、新温泉をより有名にするための「理想を持って、計画性を持って、辛抱力の強い、堅い信念にもとづく、そして胆大心小の精神的指導力」を発揮しているつもりだったのだ。

しかしながら彼自身、この宝塚少女歌劇団が「宝塚といえば少女歌劇」「少女歌劇といえば宝塚」といわれる存在になり、全国にその熱烈なファンが繁殖するようになろうとは、思ってもみなかったことであった。太平洋戦争中、還らぬ特攻隊を志願した大学生たちがおしかけ、華麗な宝塚少女歌劇を、この世の見おさめとして出陣していった……ことはあまりにも有名な話である。

# 十五章

# 成功するためには強欲であってはいけない！

## ⑮ 成功する事業家の条件

●損得の計算がすばやくできるところが唯一の欠点だ。
それでは事業を経営しても、断じて成功しないね

## 一三が名づけた一期生、関守須磨子

——ここで脱線して、もう一つの〝人生ドラマ〟を紹介しておきたい。

第一期生である一六人の少女たちにはそれぞれ、小林一三が芸名をつけてやっていて、その一人に神戸出身の関守須磨子というのがいた。一四歳であった。

が、彼女はそれから四八年後の昭和四三年正月、熱海温泉の伊豆山七尾峠のススキ原のなかで、普段着のままの他殺死体となって発見された。六二歳とは思えないほど若々しい、大富豪の未亡人であった。顔には新聞紙がかぶせてあった。

関守須磨子は『ドンブラコ』に出演、「天才なりと称せられるものなり、と絶讃された」と『宝塚歌劇五〇年史』は記録しており、それから四八年後に大富豪の未亡人でありながら他殺死体で発見される……そのような変わりはてた姿になろうとは神のみぞ知るである。

宝塚少女歌劇は好評にこたえて年四回の定期公演をやるようになり、彼女も出演していたが、宝塚から松竹へ移ったオペラ演出家の青山圭男を頼って上京した。将来、彼女は女流振付師になるのを夢みていたのだ。

松竹が宝塚を追いかけるべく、松竹楽劇部を創設したのが大正一〇年。昭和三年には東京松竹楽劇部も設立して、浅草松竹座において水の江滝子らが華々しくデビュー、これが松竹少女歌劇になった。当時はまだ団員が三〇人しかいなかったため、振付師志願の須磨子も、振付助手をやりながら舞台に立たなければならなかった。芸名は福井久美子。昭和六年の新春公演で彼女は、レビュー『流行の世界』に出演、そのときの演技がすばらしく西岡浩の『少女歌劇物語＝ＳＫＤの二〇年』にも、

日舞を踊った福井久美子が俄然注目をあびましたが、この福井久美子こそ、のちに藤間流の名取となり、藤間勘美を名のって後進の指導にあたるとともに、他方、松竹レビュー史上ほこるべき多くの、独特の日舞レビューの傑作を生みだした現在の橘《たちばな》左京さんその人なのです。

と記録されている。当時は「エログロナンセンスの時代」といわれ、浅草の電気館では、新人歌手の淡谷のり子がきわどい歌を唄わされていた。

橘左京として松竹少女歌劇に貢献していた須磨子は、昭和一六年四月、神戸において小林一三と再会することができた。

このころの小林は前記のごとく、東宝映画を創立、日比谷アミューズメントセンターをこしらえたほか、江東楽天地、後楽園スタジアムを経営。日本軽金属社長、小田急電鉄、三越などの取締役も兼ねていた。日中戦争は泥沼化している上に、新たに日米開戦の風雲

急を告げているころである。

外交官佐藤尚武（のちの駐ソ大使）とともに小林は、政府の遣伊経済使節としてイタリアへ派遣された。ヨーロッパ航路の榛名丸で神戸港を出港する……その新聞記事を須磨子は、たまたま神戸に帰郷していて読み、当日、花束をかかえてメリケン波止場まで見送りにいったのだ。盛大な見送りのなか、わずかな時間であったが、小林と須磨子は久しぶりに〝師弟〟の交歓ができた。

## 損得の計算がすばやい人間は成功しない！

この使節団はイタリアからドイツへ、さらに小林はモスクワへいき、シベリア鉄道で帰国するが、三カ月間のこの旅行に秘書として随行した清水雅（のちの東宝会長）は、こんな経験をさせられた。モスクワを発っていよいよ帰国の途につく前夜である。

「三カ月のあいだ、いろいろとご苦労であった。旅費が余ったので、その分をきみにお礼として差しあげよう。とっておきたまえ」

と小林にいわれ、清水は感謝した。

そこまではよかったが、

「で、その金をきみは何に使う？」

と訊かれて清水が、阪急株か東宝株を買っておこうと思いますと答えていれば、小林はご機嫌だったのだろうが、

「はい、××会社の株を買うつもりです」

と率直にいったばかりに、頭の上に百雷のごとき怒声が落ちてきた。じつは××会社の考課状（企業の貸借対照表・損益計算書・財産目録を包含する公用報告書）を極秘に小林が入手していて、同社がたいそう有望であり、公開されれば株価が急騰するだろうことを、清水も知っていたからなのだ。

「きみは××の極秘の経営内容を知っていて、こっそり一人で先取りする気かい？」

「はあ……いえ……そんなつもりでは……」

「わたしが今日、十指にあまる事業を支配して、東京電燈を隆盛にさせたり、阪急や東宝や日軽金などをコントロールしたりしていられるのは、わたしが会社内容を他人より先に知っていながら、金儲けをしたことがないからだよ。新しく鉄道を通す場合、その路線の場所がわかっていて、そこの土地をごっそり買っておけば儲かるに決まっている。世の中にはそういうことを平気でやる人もいるが、わたしは一度だってやっていない。だからこ

そ、十指にあまる事業も任せてもらえるのだ。きみは欲深くて、損得の計算がすばやくできるところが唯一の欠点だ。それでは事業を経営しても、断じて成功しないね」

清水は首をすくめ縮こまっていた。

この旅行から帰国直後の昭和一五年七月、小林は要請されて第二次近衛文麿内閣の商工大臣に就任した。

しかし、彼は「わたしは政治には興味がありません」と公言してうれしげな表情は見せなかった。資源確保のための蘭領インド特派大使として近衛総理がジャワに派遣（昭和一五年九月）したときも、好戦派の政友会総裁久原房之助らが、

「飛行機と戦車による速攻で、イギリスの東洋の牙城シンガポールを占領せよ。小林君も軍艦でいって陸戦隊を上陸させておけば、蘭印総督との交渉がすんなりいくだろう」

と煽ったが、彼は門司港出帆の商船日昌丸でバタビアへ向かった。小林の任務は、石油、ゴム、アルミニュームなど重要資源一三品目を輸出させることだったが、アメリカ、イギリス、中国を主軸とする連合側に同調するオランダ政府は、態度を明確にしない。小林は現地で蘭印総督を相手に一カ月も交渉したがラチが明かず、近衛がよびもどしてしまった。

そのため小林は「役立たず」と見なされた。商工省次官は「革新官僚の代表」であった岸信介（のちの総理大臣＝自民党）だ。その岸らの「経済新体制要綱案」があまりにも官僚的だったので、小林が財界を代表して修正の筆を入れようとしたところ、更迭（昭和一六年四月）されてしまった。蘭印総督との交渉失敗、新体制反対を理由に、裏で更迭画策をやったのは岸信介だといわれた。

小林は辞任後、『大臣落第記』なるものを執筆した。自分が政治家向きでないことを、皮肉っぽく認めているのだった。

## 愛弟子、須磨子の悲劇

ところで須磨子のほうだが――

敗戦後の昭和二二年一一月、浅草国際劇場が再開され、松竹歌劇は川路竜子、小月冴子、曙ゆりらの黄金期を迎えた。有楽町の宝塚劇場のほうも再開されて越路吹雪、淡島千景、乙羽信子、有馬稲子らを輩出させるに至ったが、関守須磨子の名はこの世界から消え去っていた。

彼女は見合結婚していた。それまで恋人はいなくて、永遠の処女だといわれてきた。だから彼女自身から結婚相手が「芸能界とは何の関係もない、二二歳も年上の身体障害がある、気の毒な老人なんです」と聞かされて、青山圭男はびっくりしたという。しかし、実際には「気の毒な老人」なんかではなかった。『東京踊り』と『夏の踊り』の振付を頼みにいった松竹歌劇団の演出家の一人は、仰天せざるを得なかった。彼女が横浜の金沢八景にある大豪邸に住んでいたからであり、その夫は建設事業で成功し、彼女を後妻として迎えていたのだった。つまり、なに不自由ない富豪夫人になっていたのである。

三九年春、東京オリンピックをたのしみにしていた夫は、その直前に八〇歳で他界した。彼女は身辺を整理し、金沢八景の豪邸も売却して、熱海の伊豆山にある高級マンションへ引越していった。このマンションは東京のリッチマンたちが別荘にしていて、当時の一二〇〇万円の分譲価格はたいへんな額であった。

夫の遺産は三〇億円あるといわれた。先妻の子たちが三人いた。遺産は彼らと平等に分けられた。それでも彼女の分は「銀行預金が普通・定期・当座合計で約一億円。Y銀行熱海支店に普通預金で四五〇〇万円。ほかに熱海市内、川崎市内の銀行五、六行にも分散されていた。不動産も各所にあって評価額は七億ないし一〇億円」という莫大なものだったのである。

須磨子はもてあました。だが、金は金を生む。利子はじっとしていてもふえていくし、地価は高騰する。いまに殖えつづける金におしつぶされる……彼女はそんな不安におびえた。それでいて、有効な金の使い途を知らなかった。まばゆいばかりの宝石類で、自分を飾りたいとは思わない。

新聞で『夏の踊り』の宣伝広告をみて、浅草がなつかしくて上京した。ハンドバックには三〇〇万円の札束を詰めていた。新幹線こだま号の車中、国際劇場の楽屋のことをあれこれ思いうかべていた。川路竜子や小月冴子らがよろこんで抱きついてきてくれる、と思った。演出部や裏方の一人ひとりの顔も思いうかべて微笑した。

「いまではあたしを知らない若い踊り子たちもたくさんいるだろう。それらの一人に、あたしは宝塚少女歌劇で『ドンブラコ』に出演したころの自分を、見る思いになるかもしれない」

と呟いた。

楽屋へどかんと、花束と果物かごと寿司折を差入れるつもりだった。そして今夜は舞台がハネたあと、みんなで浅草の盛り場へいってにぎやかに乾杯しよう……そうも思っていた。それなのに、東京駅から浅草までタクシーを走らせ、国際劇場前におり立ったとき、それから先には足がすすまなかった。なぜか両脚が硬直してしまう。三〇〇万円を使ってしまう勇気も失せてしまっていた。

金持ちであるのを、これ見よがしにひけらかすことになる。それがたまらなく厭で、自己嫌悪に陥ったのだった。彼女は川路竜子や小月冴子や、脚線美のラインダンスの大きな看板を見あげただけで、再び東京駅へひき返し、熱海へしょんぼり帰ってきた。このとき五九歳だった。

四一年春、急に彼女は「いくらかでも社会のお役に立てば」という気持ちになり、横浜の神奈川県庁の県民課へ、普段着のままたずねていった。苦情でも言いにきたのかと思った係員は、態度を改めて目を白黒させた。この世の中はますます自己中心の儲け主義になりつつあるというのに、相模原市にもっている時価二億円の土地二万平方メートルを、そっくり寄贈したいというのである。

もじもじしながら彼女は、係員にこのようにいった。

「テレビでパラリンピックを観ているうちに、身心障害者の方々が気の毒に思えてきたんです。夫の遺産がありますから、そういう方々を救うためなら、ぜんぶ寄附してもいいと思っております。わたしの夫も身体障害者で、若いころ落馬したとかで、晩年は神経痛をやみ、足腰は不自由で、看ているわたしのほうも辛くなりました」

神奈川県庁はありがたくその土地をちょうだいして、そこへ「さがみ緑風園」を建設、重度肢体不自由者更生施設にした。その開所式に須磨子は、カラーテレビを一台もっていって進呈し、参列した。この美談は新聞のローカル版を飾った。すると、あちこちから手紙が殺到。「五〇万円貸してください。それだけないと一家心中しなければなりません」と哀願しているのや、「わたしは哀れな孤児です。親の愛を知りません、わたしのおかあさんになってください」と泣きついてくる稚拙な筆跡の手紙もあった。戸惑いながら彼女は無視したが、日本女子大の講師が脳性小児マヒの研究をしているが資金がない、という記事を読んでは、その日のうちに二〇万円送金してやったりした。

小田急線の鶴川駅から五キロ入った、小野路地区にもっていた地所七万九〇〇〇平方メートルを、東京都庁へ寄附した。時価五〇〇〇万円であった。都庁はここに精薄児のための「町田児童学園」を建てた。開園の日、須磨子は五万円の祝い金をつつんで列席した。

四二年の暮、海が見える部屋で四三年正月の年賀状を、彼女は書いた。川路竜子、小刀冴子、水の江滝子はむろんのこと、一四歳にして宝塚少女歌劇団の第一期生となってより親しくしてきた人、世話になった家元や先輩、楽屋の裏方たちにもしたためた。ただし、小林一三のそれはなかった。というよりも小林は一〇年前――三二年一月二五日、急性心臓喘息のため、池田市の自宅で逝去していたのだ。白髪がみごとな八二歳であった。

敗戦後の彼は、戦時中の商工大臣になっていたのが戦争協力者に見なされ、GHQ命令による公職追放の身となり、東宝社長の座は長男の小林冨佐雄に譲った。が、追放解除になった二六年一〇月、再び東宝社長に返り咲き、新宿コマ劇場と梅田コマ劇場の新設を最後の仕事にしたのである。

四三年の元日を関守須磨子は、いつもの正月と同じように熱海伊豆山のマンションで迎えた。マンションの支配人が年始の挨拶にうかがった。彼女の部屋には飾りモチひとつなく、相変らず善段着のまま。億万長者が、往年の歌劇スターが、電気炬燵《ごたつ》に両脚を入れてぽつねんとすわっていたのである。

そして三日後の一月四日にこの部屋で殺害され、翌五日に伊豆山七尾峠のススキ原に、顔に新聞紙をかぶせられて棄てられていたのだ。犯人も動機も不明。静岡県警本部は熱海署に「七尾峠婦人殺人死体遺棄事件捜査本部」を置き、一六四人の捜査員を投入したが、あいにく正月のことなので目撃者はなく、容疑者の手がかりが得られず、迷宮入りとなってしまった。

慈善事業に貢献している富豪夫人でありながら、なんという悲運だろう。もし小林一三が生きていてこの話を聞いたら、『蝶々夫人』のような悲劇のオペラ『大富豪未亡人』を執筆、宝塚劇場において大々的に上演させたかもしれない。

# 十六章

# どん底からの出発《アイデア商法の道》

## ⑯ つねにプラスの立場に立つ

●自分の力だけでやれるものに全力を注ぐ、独立不羈《ふき》（品行方正で、心にすこしもやましいところがないこと）……それよりほかに手はない。

## 不意に足をすくわれた「北浜銀行事件」

宝塚少女歌劇は〝時代の新興芸術〟として大正デモクラシー時代を代表する一つになっていき、大阪の帝国座、浪花座、中央公会堂などにもひっぱり出されるようになった。その効果は箕面有馬電鉄にもあらわれた。公演回数が春夏秋冬の四回になったため、モダンな女学生たちが宝塚行きの電車に寿司詰めになるのである。

一方、小林は当時としては日本一の広さといわれる豊中運動場を建設、先述のように朝日新聞の村山龍平に経費の一万円を負担してもらって、第一回全国中等学校優勝野球大会を開催させたのは大正四年夏である。宝塚少女歌劇に女学生たちを夢中にさせ、豊中グランドでは中学生たちの血潮をたぎらせるという商法である。

だが好調小林は、不意に足をすくわれた。

転倒したまま二度と立ちあがれないかもしれなかった。突如として「北浜銀行事件」が発生したのである。岩下清周を失墜させる大陰謀事件であった。

だれがどのような理由で陰謀をめぐらせたのか、その真相はいまなお解明されていない。

関西財界の〝巨頭〟であった藤田組の藤田伝三郎が、明治四五年に七二歳で他界したあと、岩下が〝第二の藤田伝三郎〟になりつつあった。そこでこの機にアンチ藤田派が岩下を失墜させるべく、北銀スキャンダルをあばきはじめた……どうやらこれが図式であるらしい。長州閥の桂太郎の〝金づる〟であった岩下潰しを狙った……と見る向きもある。

夕刊紙・大阪日日新聞が、上本町――奈良間の大阪電気軌道（現在の近鉄）の創業は「無謀なる計画」だとして、同社の重役に名をつらねている加島銀行頭取と岩下を攻撃した。そのゴタゴタのあと、岩下が後任社長になった。

すると同紙は、岩下の〝本丸〟に鉾先を向けてきた。どこで情報を入手したのか、北浜銀行が資本金を三〇〇万円から一〇〇〇万円に増資したさいに幽霊株をこしらえたこと、不正融資があってそれがコゲついていること……それら事実を「銀行界最大の不詳事だ」と告発したのである。いうなれば前出の、三井銀行が二六新報に噛みつかれて危機に陥ったのと、似たりよったりの関西版だ。また、北銀の重役たちが紅燈の巷で大名遊びをやっている……その事実もスッパ抜いた。公金を湯水のごとく浪費しているという。

衝撃的な社会問題になったばかりでなく、預金者たちが「おれの預金を返せ！」と北銀の窓口に殺到、取り付け騒ぎまで発生した。

「欠損金は二八九万八〇〇〇円しかない」

と、衆議院議員にもなっていた岩下は発表し、道義的責任をとって辞任したが、検察方が調査してみると、使途不明金もふくめて七八五万円もの巨額になっていた。「ウソつき岩下め！」ごうこうたる非難が集中した。

日本銀行が救済融資を拒否したため、北銀は臨時休業のやむなきに至った。北銀は大阪証券取引所、堂島米商会所の機関銀行でもあったので、現金が引き出せなくて立会さえも停止せざるを得なくなった。由々しき事態である。


箕面有馬電鉄にとっても、岩下の失墜は危急存亡のときとなった。箕面公園内にある松風閣は、大阪随一の風流高雅な山荘で、ここには山県有朋や井上馨や桂太郎が愛妾同伴で泊りにきており、東京の高級官僚らも招待されていた。

この〝中央政界工作のためのサロン〟である山荘の所有者が岩下であるため、建築費の出所についても検事局が、小林を呼びつけて事情聴取をおこなった。そんなことよりも小林が憂慮するのは、岩下は箕面有馬電鉄の社長の座からもおりたし、北浜名義の四万株をだれかに、早急に肩代わりしてもらわねばならないことである。

相場師から堂島米商会所理事長に出世している岸和田出身の高倉藤平が、北銀二代目社長に選ばれ、宝塚新温泉と少女歌劇団がほしくて「箕面有馬電鉄にはおれの子分を重役として送りこむ」と申し入れてきた。やむなく小林はそうせざるを得なかったが、四万株は何としても高倉派へは渡したくない。

三井財閥傘下の王子製紙からは中上川彦次郎の死後、義弟の藤山雷太が経営の意欲を失って去った……ことは前述したが、不振のその王子に三井物産から、藤原銀次郎が専務として送り込まれた。明治四四年のことで、彼は暴落していた同社株を、個人財産をぜんぶ投入して買えるだけ買った。王子の再建が成らなければ〝心中死〟するしかない立場に、そうすることで自分を追い込んだのである。

王子をみごとに再建しただけでなく彼は、大正九年には同業の富士製紙、樺太工業も吸収合併して〝製紙王〟の名をほしいままにするが、

「企業を再建するには、新しいことをやろうと考えてはいかん。現在やっている仕事を徹底的に再検討し、経費を大幅に節減する以外にない」

と自己体験を語っている。ジンギスカンの「一事を生ずるは一事を滅ずるに若かず」であり、偶然、小林も藤原と同じ覚悟をした。奔走して日本生命、大同生命、そのほか友人にも三拝九拝して四万株のうち、二万五〇〇〇株を引き受けてもらい、残りは自分で借金

して引き受けた。つまり、藤原と同様、株主になることによって小林も自分を〝心中死〟するしかない立場に追い込んだのであった。

借金を背負っても結果的には、こうなってよかったのであり、

「わたしは実に運がよいと思った。銀行のサラリーマンから会社の重役に昇格した、とは言うものの北銀事件が起らなかったとせば、わたしは世間にある普通の重役と同じように、大株主の顔色とその御意見に従わねばならぬ場合であったかもしれない」

と小林は述懐しているくらいである。

## 「つねにプラスの立場にいろ！　マイナスであってはならない」

しかし、前途なお多難であった。〝心中死〟の危機が去ったわけではなかった。『鉄道院鉄道統計資料』によれば、大正六年度の全国主要電気軌道会社の状況は——

一位の大阪市電の純益四二五万四〇〇〇円
二位の東京市電が二一五万八〇〇〇円
三位の神戸電鉄が一二二万一〇〇〇円
四位の阪神電鉄が一〇八万円

五位の神戸市電が一〇二万五〇〇〇円
六位の九州電鉄が九三万七〇〇〇円
箕面有馬電鉄は一一位の四四万一〇〇〇円だから、四位の阪神電鉄とくらべてみてもまだ、純益は二・五分の一にすぎない。メインバンク北浜銀行を失ってなおさら、窮地に追い込まれそうである。
箕面有馬電鉄は新社長に、三井銀行時代の小林の先輩だった平賀敏を迎えて再スタートした。北銀事件の裁判は八年間にもおよんで大審院が「被告岩下の所為は私腹を肥やさんがために出たものにあらず」と認めながらも、懲役三年が科せられた岩下は、晩年は富士山麓に隠棲した。前出の「帝人事件」の河合良成は「帝人事件の濡衣《ぬれぎぬ》を乾かすまでに一〇年かかった」と言っているが、岩下の場合は一〇年でも乾かなかったのだ。
小林は小説『曽根崎艶話』を出版したとき、その巻頭に「此書を岩下清周翁に献ず」を書き、「此の書のやうな文学的作品を貴下に捧げるといふことは余りに突拍子もない、些か奇を好むやうに考へる人もあるかも知れませぬけれど、私にとっては中々に思ひ出の多い深い縁があるのであります」にはじまって、岩下に対する世間の仕打ちに、悲憤の涙を流すかのごとき一文になっている。

事実、北銀事件で世間は小林に、醜悪きわまるものを見せてくれた。岩下を苦境に追い込んでおいて痛快がる連中。火をつけてはもっともらしい顔で消してまわる手合。岩下に事業上のことばかりでなく、多方面でのいろんな恩義をうけながらも、同穴の貉《むじな》とみなされるのを迷惑がる財界人ども……それらさまざまな人間の、もろもろのエゴを目撃させられた。小林自身に対しても「岩下が失墜してしまえばもう、あんたなんか陸《おか》にあがった河童みたいなもんよ」と、せせら笑う目を向ける。昨日まで揉み手しながらお世辞たらたらだった出入りの業者さえも、今日からはどこの馬の骨だと言わんばかりの表情になっている。

まさに人情紙風船であり、

「岩下氏の先輩友人たちの出没奔走の径路を見て、社会の表裏、人情の軽薄、紙よりもうすき虚偽欺瞞の言論行動には、私の人生観――というと大袈裟であるが、人に頼っては駄目だ、人などあてになるものではない、自分の力だけでやれるものに全力を注ぐ、独立不恥影《かげにはじず》（品行方正で、心にすこしもやましいところがないこと）……それよりほかに手はない。そして如何なる場合でも、プラスの立場にいることである。断じてマイナスであってはならない」

と、憤りと恐怖をおぼえつつ自戒している。

この事件を契機としてわたしの仕事も人間も一変した……そうも語っている。つまり、小林は失墜していく〝人生の師〟の後姿からも、そうしたことまで学びとったのであり、岩下が身をもって教えてくれたのだった。

## 「私は一人一業でいきたいのです」

一難去ってまた一難であった。

「北銀破綻による同行の整理中、灘循環電車の株式が大量に出てきた。新頭取の高倉藤平氏はこれを売却したいと言っている」

との情報がもたらされた。北銀には高倉と同時に、阪神電鉄の実力者である今西林三郎も重役として乗り込んでいたので、高倉が売却する相手は当然、今西ということになる。

再度、小林は慄然となった。灘循環電車の特許権を掌中にして、阪神間の山手線建設計画を実現させたい小林にとっては、これまた脅威以外のなにものでもない。

掌中にするための作戦を練り、彼は今西に辞を低くして三条件を提案した。

第一案、灘循環全株式を高倉頭取はすでに阪神に買収方を勧告し、阪神側もこれを諒とせられた以上は箕面電車は阪神山手線計画を放棄する、その場合には当社の十三・門戸間の特許線は不用になるから、これに要したる建設実費を阪神より当社に支払うべきこと。

第二案、万一阪神が灘循環線はいらないという場合には、灘循環線は両社の競争を避けるために両社にて買収経営すること。

第三案、以上二案に対し阪神電鉄の同意を受けられない場合には北銀の整理上、一日もはやく解決してほしいと強要されているのであるから、箕面電車は止むを得ず灘循環線を買収して阪神山手線の建設に決意すること。この場合、阪神電車は、われわれの好意的交渉のあった事情を忘れないようにしてほしいこと。

この文面では小林が、阪神山手線は計画したが実際に建設する意欲のない点、ほしければどうぞ阪神電鉄さんが買収なさいとほのめかしている点……この二つがミソなのだ。そうしておけば「箕面有馬電鉄がほしがらないものに、われわれが眼の色を変えることはあるまい、という態度に阪神電鉄はなるだろう」と計算しているのだった。のどから手が出るほどほしいものに対して小林は、まったくほしくも何ともないと言わんばかりの演技をして見せているのだ。

阪神電鉄サイドは、阪神山手線そのものをそれほど重要視していなかった。国鉄と阪神電車が競合しているところへ、平行にもう一本走らせてみても採算が合うわけない。住宅の大半は国鉄と阪神線の沿線に集中していて、未開発で不便な山手に住みたがる庶民はいない……このように予断しているのだ。

だから今西林三郎は、小林の三案には異議をとなえぬと回答してきた。この回答が得られたとたん、小林は電光石火の動きをみせた。北銀から一七万円で灘循環株を買収したのだ。しかし、当時の一七万円は苦しい財政の箕面有馬電鉄にとっては、軽くない支出であった。

決算期に当面して配当金その他で一五万円が入用なのに、それが捻出できなくて小林が、東京までいって借金しようとした。が、北浜銀行というメインバンクを失っている箕面有馬電鉄は、どこの銀行でも信用してもらえない。〝皇室銀行〟といわれる第十五銀行の頭取にすがりたくて小林は、福沢桃介の紹介状をたずさえて鎌倉の別荘までたずねていくが、あっさり拒否されて「折柄明月の夜で、波の音、松風の音、人力車の上でその閑寂の天地に泣いた」のである。

こんな状態では、阪神山手線建設費の三〇〇万円はなおさら無理だ。どこへ頼みにいっても小林は「あんたは宝塚少女歌劇の小娘たちに囲まれて、鼻の下を長くしていればいいんだ。それが身分相応というものです」とあしらわれた。

救いの神が現れた。箕面公園内の問題の松風閣を、一六万円で買いとってくれた岸本汽船の岸本兼太郎である。

岸本家は大阪の西長堀の回漕問屋「赤穂屋」を経営、二代目岸本五兵衛が日清・日露戦役のとき政府に御用船を提供して巨利を占めた。その五兵衛が病没、弟の兼太郎がさらに岸本財閥といわれるまでに発展させていくのであり、三〇〇万円を三年間貸していただきたいと頓首再拝する小林に、

「阪神山手線なんぞ儲かりませへんやろ。やめときなはれ。それより今は船を買うときでっせ。一隻買うたらどうだす。ちょうど売りに出しているええ船がおますのや。わたしが代金は立替えといてよろしゅおま。その船はわたしが預って、確かな代理店にまかしますよってに。それこそ大船に乗った気でいなはれ」

と勧めた。

大法螺《ぼら》を吹いているのではない。世は第一次世界大戦のさ中、戦争景気で船成金をはじめ古鉄成金、造船成金、薬成金が続出しているときだ。なかでも伊藤糸店（のちの伊藤忠商事）の伊藤忠兵衛、大阪鉄工所（のちの日立造船）の久原房之助、「内田汽船」の内田信也らが傑出しており、このどさくさに岸本兼太郎も海運業で六〇〇〇万円も儲けたのだ。

しかし、小林は悲壮な声で哀願した。

「わたしは一人一業でいきたい。いくら儲かっても、初めての仕事の船舶をやってまで、お金はほしくありません。それよりわたしが死ぬか生きるかの電鉄をお助けください！」

「あんたという人は欲のない人やなあ。そやさかい、信用のでける人かもしれへんなあ。よろしゅおま、一人一業主義のあんたに賭けまひょ、任しときなはれ」

兼太郎が三〇〇万円、年利六分五厘で融通してくれた。これさえあれば……と小林は八面六臂の活動を開始した。当人が語るとおり「人間が一変した」かのようにである。

## 大胆不敵の新聞広告、そしてターミナルビルの建設

箕面有馬電鉄を阪神急行電鉄株式会社と社名変更（略称＝阪急電車）、宝塚少女歌劇の東京帝国劇場での初公演、宝塚音楽歌劇学校の創立……これらを一挙におこなったのは大正

七年、男盛りの四五歳のとき。そして、阪神山手線である阪急神戸線本線三〇・三キロメートルと伊丹支線を完成させたのが大正九年夏である。

案の定、神戸線は不人気でガラ空き、空気をはこぶ毎日だった。世間も電鉄業界関係者らも指さしながらゲラゲラ笑った。ところが小林は、そのガラ空きを逆手にとってPRした。

「新しく開通した神戸（または大阪）ゆき急行電車、綺麗で、早うて、ガラアキで、眺めの素敵によい涼しい電車」

阪神間の全新聞に掲載させたこの大胆不敵の広告を見て、だれもがアッと驚いた。うーんと唸ってしまった。逆心理をみごとについたのであり、そんなガラアキなら一ぺん乗ってみようか、ゆったりと下町を走る阪神電車よりも清潔で快適だろうよ……と思いたくなるものだ。

現代のテレビCMのキャッチフレーズなんかにも、こうした逆心理をつくものがあるが、それらはナウくもなんともないセンスだ。亜流だ。苦笑ものだ。すでに大正時代に小林一三がやってのけているのである。

もう一つの新しい試みは、終点にターミナルビルを建設したことだ。

国鉄梅田駅（当時の年間乗降客数四〇〇万人）のそばに五階建の阪急ビルを落成させた。三、四、五階はオフィス、二階に食堂、一階は東京の白木屋に貸した。浪花名物の「鳥菊」の親子丼、「出雲屋」のうなぎ飯、「いろは」の肉丼、これらに対抗しうる安くて旨いものは……と考えて小林は、当時としてはハイカラな洋食であったカレーライスを、阪急食堂の目玉商品にした。

一食二〇銭。「西洋人なみにスプーンで御飯を食べる」これが、浪花っ子たちをよろこばせた。こうして電車賃を払った上にカレーライス代もおいていってくれる客が、急増していったのである。ことに大阪の中小企業の、住み込みの丁稚小僧らは、朝めしは茶ガユしか食べさせてもらえなかった。そんな空腹の丁稚小僧が休日には、どーっとおし寄せてきてカレーライスをぱくついた。

小林はこれを「電鉄会社の副業」と称した。東横線が開通したとき、さっそく五島慶太もこの阪急食堂をまねて渋谷駅に、東京で最初の私鉄直営食堂である東横食堂を開いた。木造駅舎の二階、営業面積はわずか五〇坪。十三人の従業員しかいなかったが、三〇銭のコーヒー付ランチが評判になって、一日一〇〇円の売上げがあった。客の大半は大学生だった。

では、小林が一階を東京の白木屋に貸したのはなぜなのか。

三越に声をかけず、三越のライバルである白木屋と手を組んだのは、副支配人にしてもらえなかった昔日の恨みが小林にあったからではない。彼にはまだ百貨店経営の体験はない。そこで大阪進出を狙っていた白木屋を入居させることでノウハウを学び、いずれは堂々たる阪急百貨店として、三越大阪店の強敵になってみせるつもりだったのだ。

そして、ここからが小林の本領発揮であった。阪急神戸線の沿線が、庶民的な阪神電鉄のそれよりも〈ちょっぴり高級、ちょっぴり上品、ちょっぴり贅沢〉である〝品位〟づくりの作戦を展開したのだった。

これに協力してくれたのが、野村証券だけでなく野村銀行（現在の大和銀行）をも経営するようになっていた野村徳七であった。彼が六甲山の真下、阪急神戸線の住吉に豪壮な本邸「棲宜荘」を新築してくれた。近くにはのちに政友会総裁となる、造船・鉱山成金久原房之助の「久原別邸」もできた。彼はわが子のために玩具の機関車をでなく、本物の機関車を買ってきて、庭にレールを敷かせて走らせたものだ。

徳七の「棲宜荘」は敷地が三二〇〇坪、総建坪が七三二坪の洋館で、六階建の尖塔があり、その最上階のスカイルームからは淡路島が眺められた。これで驚いてはいけない。北側にも七〇〇坪の四季の洋花が咲き乱れる西洋庭園があり、そこへは神戸線の下に通している、私設地下道をくぐっていくようになっていた。つまり、野村家の敷地のなかを阪神電車が通り抜けるのだ。

新築披露の茶会に出席した名士たちは、東京の三井合名理事長の団琢磨、〝鉄道王〟の根津嘉一郎、〝ビール王〟の馬越恭平、〝製紙王〟の藤原銀次郎。関西の山荘流茶人の高谷宗範、住友財閥の住友吉左衛門、西本願寺の大谷尊由、朝日新聞社主の村山龍平らだった。

これをきっかけに沿線はブルジョワ階級の住宅地となっていき、小林は芦屋と住吉の中間にある岡本地区の一万八〇〇〇坪を、高級住宅地として分譲させた。小林流「事業成功の秘訣」の第四にいう「鉄道沿線の居住者が、その沿線に住むことを一つの誇りと考える」ためのイメージづくりであるのだ。

モダンな宝塚少女歌劇、宝塚音楽歌劇学校、ヅカガール、芦屋夫人……これらが阪急そのもののイメージになっていった。四〇〇〇人の観客を収容できる宝塚大劇場の完成（大正一三年）、日本最初のレビュー『モン・パリ』が上演（昭和二年）されたり、『すみれの花咲く頃』が流行したりして、ますますそのイメージが鮮明になるのである。

このころ、小林には神仏をも恨みたくなるような凶事があった。そのため〝相棒〟の野村徳七とは疎遠にならざるを得なくなった。昭和三年一〇月、痛ましい魔の事故が発生した。徳七の「棲宜荘」から愛車のオースチンで出かけた、甲南高校生の次男の節雄が、阪急神戸線の本山村野寄の夜の踏切で、エンジン不調のため立ち往生しているところへ、驀進してきた大阪行きの上り電車にはね飛ばされた。

オースチンはぐしゃぐしゃになり、運転していた節雄は即死。

「阪急電車は小林一三がつくったけど、徳七はんが応援してでけたようなもんや。その阪急に息子がひき殺されたんやから、こないなむごいことおまへんで」

世間の人びとは眉をひそめた。いくら詫びても、とり返しのつかぬことである。たとえ五年後、一〇年後になっても自分を見れば息子を失った悲しみがよみがえってくるだろう……。そう思いつつ小林は、どんな場合にも徳七の前に立つのを遠慮するようになったのである。

# 十七章

# 五島慶太に伝授した「事業成功の秘訣」

## ⑰ 人を使える人間と人に使われる人間

●この世の中でもっとも少数の人間、それは人を使える人間である。

## 五島慶太を武蔵電鉄常務に推薦

さて――ここで冒頭にもどらなければならない。

小林一三が五島慶太に五つの「事業成功の秘訣」を伝授したのは大正一〇年、小林四八歳、五島三九歳のときである。

渋沢栄一がサンフランシスコで開催されたパナマ運河開通記念万国博覧会から帰ってきて、息子の渋沢秀雄らに田園都市会社（資本金五〇〇万円）の設立を急がせて郊外――現在の大田・目黒・世田谷区の宅地開発に着手させた。同社はまず田園調布と多摩川一帯と洗足地区にかけての一三八万六〇〇〇平方メートル（約四二万坪）を買収予定地にした。

当時はまだ東京市に編入されていない荏原《えばら》郡であった。大正九年の人口が二六万人。大半が農民で、交通の主役は「ガタ馬車」とよばれる一〇人乗りの、ほこりが舞う村道を往く乗合馬車だった。これでは宅地開発しても買手は現れない。鉄道を敷設して東京市に連絡させる必要性を痛感、渋沢は鉄道建設をやってくれる適任者はいないものかと、第一生命保険会社の創立者矢野恒太に相談した。

「それなら阪急電鉄の小林一三君……彼がいい。すでにその実績を持っています」

即答する矢野を、至急交渉してみてくれ、善は急げだ、と渋沢はせき立てた。

さっそく下阪して小林に会った矢野は、二つ返事で快諾してくれると思い込んでいたのに、完全に裏切られてしまった。

「年内に岸本汽船から借りている三〇〇万円を返済しなければならない。岡本住宅地も開発中だし、猪名川水力電気を阪急に吸収合併する交渉もしており、宝塚少女歌劇団を花組・月組とふやしましたし……とにかく、いまはからだが七つあっても足りないくらいなんです。大阪から離れるわけにはいきません」

と言われては、矢野としてもそれ以上強引になるわけにはいかない。が、拒絶して知らん顔するのは失礼だと思った小林は、こう推薦した。

「武蔵電鉄常務の五島慶太君……彼なら大いにやれると思いますよ。彼はお宅の第一生命にいる、石坂泰三君と東京帝大の同期です。武蔵電鉄は創業できるかどうかわかりませんが、彼は私鉄経営者の集まりである鉄道同志会の理事をやってましてね、なかなかに気骨がある。私鉄経営についての抱負ももっている。鉄道監督局時代に地方鉄道法の要旨をこしらえたのは彼ですし、その時分から彼を識っているんです。上司を出世させておいて自分も強引に昇格する……そういう変わった運動までやった男だし、官界にもコネがあります」

さらに小林は、こうも言った。

「あす、わたしは上京しなければならぬ用事があります。さっそく五島君にはわたしから話してみましょう」

小林が上京する急行列車で、矢野もいっしょに帰京した。


一両日後、日本橋倶楽部において小林・矢野・五島の三者は面談した。

小林が慶太をくどいた。

くどくというより押しつける口調だ。

「きみはいま郷誠之助さんと武蔵電鉄（現在の東急東横線）をやろうと努力しているが、東京──横浜間となると大変だ。少々の資金ではやれないね。ぼくが阪急神戸線を実現させたのよりも苦労しなければならんだろう。武蔵電鉄の資本金は二四五万円だそうだが、一〇〇〇万円の建設費が必要だろう。鉄道敷地の買収にも、値上りするため難渋させられるだろう。それよりもだ、まず目黒──蒲田間の荏原電鉄をさきに完成させて田園都市計画を実現し、多摩川一帯の四五万坪の土地を宅地にして売れば金にもなるのだから、これをやりたまえ。武蔵電鉄はそれからでも遅くないはずだ。困難なことが生じたら、わたしがいろいろとアドバイスしてあげよう」

「光栄です、やらせてください」

決断して矢野に一礼する五島を、

「そんなら今日からでもかかりたまえ。郷さんには矢野さんから伝えてもらえばいい。ただし、わたしがいろいろアドバイスしてやるからといって、頼りにはするな。人などあてになるものではない。自分の力だけでやれるものに全力を注ぐ、独立不恥影……これよりほかに手はないんだ」

と小林はなおも戒めつづけた。

このときの五島は、かつての小林一三であった。このときの小林は、かつての岩下清周であった。小林が岩下になって、小林になっている五島慶太をきびしく鍛えあげようとしているのだった。小林は岩下という〝師〟に恵まれ、五島は小林という〝師〟に出会ったわけだ。

そして小林は――

「その第一は、事業は大衆を相手にした事業でなくては成功しない。知識人相手の品よい商売など微々たるものだ」

にはじまる五つの「事業成功の秘訣」を伝授したのである。〝師〟を持たずして成功した企業家はいない。企業家に限らず胸中に〝人生の師〟を持たない政治家、学者、芸能人、サラリーマン……いずれも不幸である。悪党にだって悪党の〝師〟がいる。〝師〟の偉大さは自分より才能があったことではなく、自分より経験が豊富なところにある。

## 徹底して一三をマネた五島慶太の戦略

五島は荏原電鉄が取得していた鉄道敷設権の、無償譲渡の交渉からはじめ、地方鉄道補助法を適用してもらい、建設資金の補助を獲得するため古巣の鉄道省へも日参した。

そして、田園都市会社の鉄道部門としての荏原電鉄を目黒蒲田電鉄に改称、分離独立させたのは大正一一年九月。社長を田園都市会社専務の竹田政智が兼ね、専務に慶太が選ばれ、小林も取締役として名をつらねた。資本金は三五〇万円。発行株式七万株のうちの六万八〇〇〇株は田園都市会社が所有し、残る二〇〇〇株を郷誠之助、矢野恒太、小林一三らが引き受け、五島が手にしたのはわずか一〇〇株にすぎない。

小林を〝師〟としながらも五島は、性格の違いから小林が〝柔〟の経営者であるのに対し、あくまでも〝剛〟の経営者であろうとした。だから〝強盗慶太〟の異名をとるようになるのだが、愛妻が四人の子たちを残して病没、その悲哀をも乗り越えて、わずか一〇〇株の株主にすぎない専務でありながら奮闘した。彼は乗馬をおぼえて毎日、馬で建設現場を監督してまわった。ときには自分も上半身はだかになって、線路工夫といっしょにツルハシをふるった。重いモッコもかついだ。

工事がいかに困難だったかを、

「時アタカモ極寒ニ際シ労働時間ノ短縮、風雨ノ支障ナドノタメ工事進行意ノゴトクナラズ。加フルニ橋梁架設・軌条引延・砂利撒布・架線・車庫・停車場ソノ他全線一斉ニ工事中ニ属シ、且イヅレモ運送費多大ヲ要スル工事ナルヲ以テ……（後略）」

と同社の営業報告書は記録している。

目黒蒲田電鉄の処女電車が目黒――丸子間八・三キロメートルを走ったのは、武蔵野の春がまだ浅い大正一二年三月一〇日である。車輌は六四名が定員の小型ボギー車が三輌あるのみ。乗務員は運転士と車掌が一六名、駅員一三名。洗足駅前にある田園都市会社事務所の玄関広場で、八〇〇人の招待客をあつめて開通式が挙行された。

五島が司会役をつとめ、鉄道大臣大木遠吉をはじめとする名士たちが祝辞を述べ、最後

に渋沢栄一が登壇、

「この電鉄は矢野恒太君の資金的バックと、小林一三君の知恵と、五島慶太君の実行力……三者が一体となって誕生しました」

と、ねぎらいつつ賞讃した。

小林がそーっと五島のほうに視線をやると、〝剛〟の男である五島が眼鏡をはずし、ハンカチで玉を拭き、眼頭をおさえていた。

このときから半年後、恐怖の関東大震災が突発したが、それにもめげず五島は丸子――蒲田間の第二期工事を完成させた。さっそく小林の「電鉄会社の副業」も実行した。大震災は五島にとっては〝福の神〟であった。なぜならば地震を恐れる東京市民が、続々と郊外に住宅地を求めてきたからである。

子どもの遊園地「多摩川園」をオープン、ここで読売新聞とタイアップしての、菊人形展もやって観衆を吸収するようになった。読売社主は五島と東京帝大の同期生の正力松太郎。二人で経費の八万円を折半にした。

小林が箕面有馬電鉄のための、日本最初のPR誌『最も有望なる電車』を発刊して宣伝につとめたごとく、五島もまた、

「当社の電車は、漫然と乗っただけで立派に観光電車として価値ある景勝地を走っています。みなさんは地震や津波の危険のない、鎌倉や逗子や大磯あたりとそっくりの土地を、手近な目黒蒲田電鉄沿線に発見したわけです。多摩川園はお子さま天国です」

と沿線案内の広告文を新聞に掲載した。

田園都市会社との共同作戦である。

田園調布地区・洗足地区・多摩川畔一帯を開発し、小林の阪急神戸線の芦屋・住吉・岡本地区に負けない高級住宅地化をすすめるのだった。第一期のその広さは四二万坪。当時、ここらの田畑は坪当たり二円三〇銭から五円前後であった。

## 「人間はつねに貸し方にまわれ」

武蔵電鉄は商号を東京横浜電鉄に改称、目蒲電鉄の傘下にはいった。

五島がこの東横電鉄の二二一〇株を所有し、丸子多摩川——横浜間一四・七キロメートルの東横線第一期建設に挑戦したのは大正一三年秋であった。

これを完工してさらに、丸子——渋谷間九・一キロメートルの複々線工事に着手したのは大正一五年冬であり、突然、小林から呼び出しがあって、慶応義塾大学の誘致合戦に

〝参戦〟せよとハッパをかけられたのだった。

前述のようにこれには、小田急電鉄と西武鉄道が名乗りをあげていた。一流大学をわが沿線に誘致することは「電鉄会社の副業」として最高であった。また、わが沿線の〝品位〟を高めてくれるメリットもある。小林も阪急沿線に学園を誘致することだけは、いまだにやっていなかった。

小田急は相模原の一〇万坪を無償提供。堤康次郎の西武は国立《くにたち》学園都市の一部の小金井の一〇万坪を提供する……と慶大側にそれぞれ申し入れていた。小林はそれに勝る東横沿線地を提供せよ、というのである。大学側は独自に候補地をもとめて、湘南地区を物色しているという。

小林に水面下で運動してもらいながら、五島は「東京横浜電鉄は日吉台の土地七万二〇〇〇坪を無償提供する用意があります」との書面を提出した。当時、小林は松永安左衛門とともに慶応のOBとしての大学内の発言力が強大であるばかりでなく、平賀敏に代わって阪急電鉄の社長に就任（昭和二年）しているほか、東京電燈（昭和三年に東京電力と合併）副社長、昭和肥料（現在の昭和電工）の監査役も兼ねており、慶応出身の財界人たちも動員することができた。

大学評議員会の結論はこうであった。

「日吉駅付近約七万二〇〇〇坪は学校用地として適当と認む。ただし、なお周辺の四万七〇〇〇坪が必要だから、これを東横電鉄が坪五円以内の価格で買収してほしい」

東横電鉄が所有している七万二〇〇〇坪は、相場が坪当たり一〇円だったから、七二万円相当の財産である。同社の半期の運賃収入が五一万円しかないので、これを寄付するだけでもたいへんな決断を要する。しかも、大学側が買収を委任している四万七〇〇〇坪は「坪当たり七円五厘でなければ売らない」と地主たちが団結して渋っていた。

五島は苦慮した。

「東京商科大学を国立学園都市に誘致した、堤康次郎の実績を高く評価して慶応義塾評議員会内には、西武鉄道の申出を再検討する空気もある」

との情報もはっきりしてきて、大学側の条件を全面的に呑んでしまう戦略を、とらざるを得なくなった。小林の入れ知恵でさらに、

「四万七〇〇〇坪の買収額は坪当たり七円となるが、その分の予算超過額はすべて東横電鉄が自発的に負担する」

「日吉村に開校したる日より、学生の通学差支を生ざるよう列車の増発をなすは勿論、渋

谷、目黒駅より日吉駅に直通列車を運転するものとする」

「日吉駅に着発する学生並びに教職員の電車賃金に対しては、別に協定するところに依るものとす」

との極限までの譲歩をみせて、昭和四年七月、ようやく仮契約に調印するはこびになった。

小田急と西武鉄道に競り勝ち、東横・目蒲電鉄の社員たちは、踊りあがって万歳した。ひとり五島だけが浮かぬ顔をしていた。その五島に、小林がニヤニヤしながら言った。

「第五は、人間はつねに貸し方にまわれ。事業経営にあたっても、銀行には借金しても、ある程度の預金をしておくべし……わたしはそう言っただろう。きみはいま貸し方にまわったんだよ。慶応大学に大きな貸しをつくったんだよ。必ずそれが活きてくる」

事実、そのとおりになっていった。

## 「使える人間」の資格

慶応誘致の成功は目蒲電鉄と東横電鉄の人気を沸騰させた。「慶応ボーイたちが乗っている上品な電車」のイメージが定着し、とくに本体である目蒲電鉄の五〇円額面の株価は

昭和三年で最高七三円九〇銭、最低が六七円二〇銭、売買高七三五六株。

同四年で最高六八円七五銭、最低で六〇円三〇銭、売買高三四六〇株。

同五年で最高六〇円四五銭、最低で四七円七〇銭、売買高四八一三株。

〝昭和恐慌〟の時代にこれだけ動いているのは立派である。人気の証拠である。

日吉台の坪当たり七円の土地買収が完了したのは同五年だが、翌六年には新丸子に日本医科大学予科を誘致するのも決定した。これは一万坪の無償提供だったが、日吉台と同様に新丸子の分譲地も〝品位〟が評価されて急速に売れはじめた。

東京府立高等学校（現在の東京都立大学）も、赤坂山王から目黒の柿ノ木坂に移転してきた。青山師範学校（現在の東京学芸大学）もまた、五島の斡旋によって駒沢町下馬の二万坪を確保、移転が決定したのは昭和七年のことである。

こうなって東横線は、若い男女が一ぱいの学園鉄道になった観があった。西武鉄道グループの堤義明は永年かかって西武沿線所沢への早稲田大学誘致に成功したが、これは遅ればせながら小林・五島を追いかけたことになる。同大学内には千葉県幕張への移転を主張する一派があったが、義明がそれらを〝粉砕〟したのである。

五島はマスコミを動員するのもうまくなった。多摩川園での読売新聞社との菊人形展のほかに、田園グランドでは朝日新聞社と共催の「朝日週間ショー」を挙行した。小林の口ききで喜劇役者のエノケンや古川ロッパを呼んできたり、三浦環や四家文子に唄わせたりするのだ。田園グランドは昼間は慶応大学に年間五〇〇〇円で賃貸し、野球場として使用させた。東京日日新聞（毎日新聞の前身）とタイアップしての、丸子多摩川大花火大会を開催するようになった。季節季節のイチゴ摘み大会、イモ掘り大会、舞踊ページェントなども催した。

東横電鉄直営の綱島温泉浴場を開場したのは昭和二年四月である。これはいうまでもなく〝関東の宝塚新温泉〟だ。原っぱにぽつんとあった浴場の周辺には、やがて料亭やら旅館などが開業しはじめた。入浴料は一〇銭の予定だったが、オープン前日になって、

「阪急食堂の名物カレーライスだって二〇銭じゃないか。入浴料も一〇銭では儲からん。二〇銭にしろ」

の五島のツルの一声で値上げされた。

目蒲電鉄は等々力と駒沢の二カ所でゴルフ場を経営し、多摩川園は田園調布にテニスコートを新設した。昭和六四年に閉園した田園コロシアムであり、正力松太郎に協力しても

らって世界的名選手たちを招待し、日本初の国際試合である日米国際庭球大会の会場にして、その存在を知らしめた。当時はゴルフもテニスも有産階級のスポーツであった。

「タイアップして大きな仕事をやるときには、お互いに得もし損もするということでなければダメだ。その点ですっかり共鳴した。もっともこれは、小林氏にも五島君にもわたしにもある人生哲学だった」

と正力が語っている。

こうして五島は、東横・目蒲沿線が新しい学園都市であり、スポーツ都市であり、高級住宅地の山の手であるイメージを巧妙につくりあげていった。かと思うと一方では、土建屋なみの荒っぽい事業もおこした。東横電鉄に多摩川沿岸の、砂利採掘業を併営させたのだった。

これは大正一四年夏からはじめ、昭和一〇年には川崎市新丸子採掘場を操業した。砂利は目蒲線と東横線建設のために利用しただけでなく、東京市内へも電車とトラックで輸送した。市内での一年分の使用量の、三分の一が多摩川産になっていたのである。

多摩川の渡し船と有料橋も経営した。渡船料を一人につき三銭、渡橋料は二銭にした。

こういうこまかな日銭かせぎも、五島ははずかしがることなくやるようになったが、小林がいうように「貸し方にまわった」のが、事業拡大のステップである。

小林一三は、こうも言っている。

「この世の中でもっとも少数の人間、それは人を使える人間である。この世の中にもっとも多い人間、それは人に使われるほうの人間である」

五島を「人を使える少数の人間」の一人と見ていたのだった。大企業のトップになったからといって、真に「使える人間」であるとは限らないのだ。現に経団連などの役員になって大きな顔をしている、それら財界人のなかにも、真に「使える人間」の資格がないのがざらにいる。

高潔な紳士にだけ、その資格があるというのではない。

小林は若いころ——三井銀行大阪支店時代、女遊びにかけては右に出るものはいない、と言われていた大物財界人の「浮気論」を拝聴したことがある。

「ぼくなど自慢ではないが、この歳になってもまだ一文の手切金を取られたことがない。そこに秘訣がある。女性は美人であればあるほど、浮気性にきまっているから、お高くとまっているそういう一流をねらうのが一番安全だ。射落すこともラクであれば、いつでも逃げ出すことができる。逃げたいときには、ほかの女と浮気すればよい。一流の女性はプライドがあるから、執拗に追いかけてはこないものだよ」

と教えられて小林は、男女の心理とはそういうものかと納得したが、前出の野村証券の奥村綱雄などは、

「男女がクッつくときにはあれこれ周りは騒がしくなるが、その男女が別れたときには意外に問題にしないものだ。が、それは逆であって、別れるときこそ男女の本性が露骨になる」

として、人格を見抜く材料にしている。前者と後者のいずれにも〝毒気〟があり、しかしその〝毒気〟がなければ男性の場合はとくに「人を使える人間」にはなれないのではないか……このようにも小林は見ているのだった。

# 十八章

# ライバル関係がお互いを発展させる！

## ⑱ 〝好敵手〟の存在価値

●ライバル関係でいてこそ、お互いにそれぞれに発展していく。

## 一三にも打ち明けられなかった五島の野望

小林・五島の〝師弟〟は一度だけ、大激突したことがある。お互いに殺気だつ形相で大論戦を展開したのであった。

五島が東京市長選挙にまつわる贈収賄事件に巻き込まれて逮捕され、一八二日間の獄中生活を体験させせられているあいだに、渋谷駅に建設中だったターミナル・デパート東横百貨店はオープン。シェークスピアの「嵐のなかでも時間はたつ」を自分に言いきかせながら耐えて、保釈で出てきた五島に、「実業家が実業家として完成するためには、三つの段階を通らねばならぬ……」

と小林が会得させた――あの後のことだ。

小林が北浜銀行事件から「刑務所から出てきたとたん、人間が一変してしまった」ようになったのである。「刑務所から出てきたとたん、強盗慶太が阿修羅となった。鬼気迫るものがある」と周辺のものたちは慄然としたほどだ。

東京地下鉄道の早川徳次が浅草――新橋間八キロメートルの地下鉄を七年半がかりで完成させたのは、五島が逮捕される直前の昭和九年九月である。これに対抗して五島が渋谷――新橋――東京駅に至る八キロメートルの地下鉄を開通させるべく、資本金三〇〇〇万円の東京高速鉄道を設立。社長には大倉組副頭取の門野《かどの》重九郎（かつてはペンシルベニア鉄道の技師だった）を据え、自分が常務取締役に就任、小林一三には監査役になってもらった。

ところが、出獄して五島は激怒した。門野社長が「掘るかどうかは、五島君が出獄するのを待って、その意見で決定しよう」ということにして、まったく着工していなかったからである。彼は門野を叱りとばし、即座に工事にとりかからせた。

五島が遠大な野望を秘めていることは、小林も知らなかった。その野望を五島は、小林にも打ち明けなかった。

日本一の有名デパートである三井系の日本橋三越を渋谷の東横百貨店に吸収、中央進出をはかるためこの二つを地下鉄で結ぶ。そのためには早川徳次の東京地下鉄道と東京高速鉄道を、新橋でドッキングさせねばならない。これを成功させてのち、東京地下鉄道そのものも乗っ取る……というアクのつよい計画なのだ。

すでに五島は〝強盗〟ぶりをいかんなく発揮していた。蒲田――五反田間を営業していた池上電鉄（資本金七〇〇万円）の総株式一四万株のうち、過半数の八万五〇〇〇株を所有している、川崎財閥系の日本火災保険と日華生命保険会社が手放したがっていると聞き、五島はそれをそっくり買収したため、「一夜にして強盗が乗っ取った」と世間は非難した。

これに対して五島は、「アメリカのロサンゼルスでは自動車メーカーが鉄道会社を買収し、列車の運行をストップさせてしまった。足をうばわれた市民は、厭でも自家用車を買わざるを得なくなった。そういうきびしい一面があるものなんだ。あって当然なのだ、資本主義経済には」

と平然とうそぶいた。

玉川電鉄買収も強行した。

「玉川電鉄はわれらの〝城下町〟である渋谷に、東横百貨店に対抗しうる玉電百貨店建設計画をすすめている。これは何としても中止させなければならない。そのためにも早期の玉電買収が望ましい」

と五島が指令し、玉電株の買い占めを極秘でやらせる一方、同社の大株主である内国貯金銀行（現在の協和銀行）と千代田生命を巧みに懐柔。両社所有の五万六〇〇〇株を譲渡してもらい、ついに総株式数の六〇パーセント――一四万六〇〇〇株を取得した。即座に目蒲・東横電鉄から重役を送り込み、五島が玉電社長を兼任、前経営陣をことごとく追放してしまったのだ。

だから彼とすれば、三越乗っ取りも東京地下鉄買収も「あって当然なのだ、資本主義経済には」なのである。やましいことではない。小林に打ち明けなかったのは、小林に迷惑をおよぼしてはならない、自力でやるしかない、と思ってのことだ。

## 阪急、阪神の百貨店〝縄張り〟戦争

小林にも百貨店の〝縄張り〟をめぐって、阪神電鉄を相手に激闘した〝戦歴〟がある。ターミナルビルの阪急ビル一階に白木屋を同居させてデパート経営のノウハウを学んだ小林は、四年後の大正一四年、名物カレーライスの阪急食堂があった同ビルの二階と三階に直営マーケットを開業。さらに五年後の昭和四年、同ビルの隣りに八階建の梅田阪急ビルを新築、これを阪急百貨店とした。

つまり、小林は慎重に一〇年間の準備期間をおいてのち「一、二、三」ならぬ「一、三」で急発進させたのである。白木屋の〝関東商法〟と、小林独自の〝関西商法〟をミックスさせたのだった。

「よし、やろうと決断したことは、五〇パーセントの成算があればわたしはやる。あとの

「スタートした以上、何がなんでも粘り通す」とも小林は言っており、かつてダイエーの中内㓛も、同じような作戦で成功した。

大阪の平野町で医薬品現金問屋「サカエ薬店」を開店、クスリの乱売で荒かせぎしてのち、千林駅前で一〇〇坪ほどの「主婦の店ダイエー」を開業したのが昭和三四年春。当時の関東ではセルフサービス方式の小売店が登場、女性客の人気を得ていた。中内はこの〝関東商法〟と関西のチーピーストア（安売り屋）商法をドッキングさせたのだ。さらに三七年に至り、アメリカで学んできたチェーンストア方式で多店舗化をめざし、チェーンオペレーション、集中仕入れ、ショッピングセンターなどの経営技術も導入。

東京へ進出してきて、あっというまに堤清二の西友ストアも東急系の東光ストアもけちらし、昭和五〇年には全国に一二〇店を所有し、年商一兆円の小売業日本一の座についたのだった。

阪急百貨店の開業は賑々しかった。

これに対して阪神電鉄は、阪急百貨店の真向かいの二〇〇〇坪を、坪当たり一四〇〇円で大阪市から分譲してもらった。

この当時の阪神社長は、あの「島徳」の島徳蔵である。阪神ビルは地上七階、地下二階の延坪数一万三〇〇〇坪を予定しており、高島屋に一〇年間入居させることになっていた。映画館や喫茶店や食堂も併営させるという。

小林が猛反対した。

「殊更ニ阪急百貨店ノ真向ニオイテ、カクノゴトキ大規模ナル百貨店ヲ開設セントスル阪神電鉄会社ハ、果シテ百貨店営業ノ実質ニ関シ、適確ナル認識ヲ有スルヤ疑イナキヲ得ザルモ、ソノ当否ハシバラク措キ、本計画実現ノ暁ニオイテ受クベキ影響ニ関シ、検討スルニソノ波及スル所、甚ダ大ニシテ頗ル寒心ニ堪ヘザルモノアルヲ痛感シ、ココニ所感ヲ開陳シテ公正ナル批判ヲ仰ガントス」

のパンフレットを作成、関係者たちにばらまかせた。大阪市の百貨店は飽和状態にあること、阪急と阪神の抗争が小売業者を圧迫すること、百貨店法制定の機運があるなかで大百貨店を新設するのは時代に逆行していること……これら三点を小林は強調するのである。

この執拗な〝ボディ攻撃〟が効を奏し、阪神百貨店の出現は、日中戦争が勃発していたその影響もうけて、昭和一六年まで待たなければならなかった。高島屋の入居は白紙にもどして、昭和一二年一月には資本金二〇〇万円の株式会社阪神百貨店が発足していたのにである。当然、小林は恨まれつづけた。

その片方では愉快な〝戦争〟もやった。

大正一三年に阪神電鉄が開設した甲子園球場は、昭和九年には二万五〇〇〇人の観客が収容できるスタンドに増改築された。米大リーグ選抜チームが招待されて、ヤンキースの花形選手のルー・ゲーリック一塁手や、ホームラン王のベーブ・ルースなどの有名選手が来日、全日本軍のエース・沢村栄治投手と球史に残る名勝負を戦ったし、この甲子園でも対戦した。

その縁で読売社主の正力松太郎から「うちは巨人軍を結成したが相手チームがいない。阪神が球団をもってくれるとありがたい」との申し入れがあった。春と夏の全国中等学校野球大会のほかに、これといった催物のない甲子園にとって、プロ野球の試合は大きな魅力だった。さっそく資本金二〇万円の大阪野球倶楽部を設立、チームのニックネームを「タイガース」とした。

昭和一一年四月、大阪タイガースは東京セネタースと名古屋の金鯱軍を甲子園に迎えて、結成披露試合をおこなった。小林一三は黙視してはいられなくなった。阪急神戸線の西宮北口に西宮球場をつくり、阪急ブレーブスを結成させそのフランチャイズとした。

「お互いにライバル同士だ。正々堂々と戦おうではないか」

と阪神側が呼びかけ、阪急側もこれに応じて、第一回の阪神・阪急の定期戦が実現したのは昭和一一年九月のことである。阪急ブレーブスにはスタンドから、宝塚スターたちのはなやかな声援が飛んだ。その中心に小林一三がいて、鷹揚に笑っていた。試合よりも彼女たちに見とれる観衆が多かった。

## 三越乗っとりで激論を交わす〝師弟〟

しかし五島慶太の場合は、そんな勝ったり負けたりのプレイをやろうとしているのではない。ナンバーワンの三越の月商が三八〇万円、東横百貨店のそれは二〇万円にも充たないのに、小が大をまるごと呑み込もうとしているのだ。

コングロマリット経営が実現しはじめているアメリカ経営界では、こうした「小が大に勝つ」現象も珍しくなくなりつつあったが、島国根性の日本ではまだまだ考えられないことだった。

五島にとって、願ってもないチャンスが到来した。

「一〇万株ある三越株を譲渡してもよい」

との前山久吉からの申し出があった。前山は所有していた玉川電鉄三万株を、五島に譲って玉川電鉄買収に全面協力した内国貯金銀行の社長であり、三越の取締役も兼ねていたが、病弱のため三越株も整理して隠棲したがっているのだった。

一株当たり九五円、ということに交渉はまとまった。一〇万株だからしめて九五〇万円。むろん即金で支払える額でなく、銀行の融資を仰がねばならない。そのため極秘にしていた買収計画が銀行サイドから漏洩した。

「強盗慶太が三越乗っ取りに動き出した！」

と、証券界は池上電鉄や玉川電鉄のとき以上の衝撃にゆさぶられ、眼の色を変えた。

「一〇万株を入手しても、三越の資本金は三〇〇〇万円、発行株式数は六〇万株だから六分の一にすぎない。過半数には遠く及ばないから、吸収合併は不可能でしょう」

目蒲・東横電鉄の重役陣のなかには、このように疑問視するものもいたが、

「きみたちは二言目には、過半数に充たないからどうしようもないと言う。もっと商法を勉強したまえ。総株数の一〇分の一を持てば、株主総会を招集できる権限が生ずるんだ。これを武器にして三越の経営陣と戦うのさ」

と五島は自信満々だし、事実、一〇万株の大株主としての権限を行使して、

「三越の経営のあり方について質疑がある。臨事株主総会を開催していただきたい」

「お目にかかっていろいろと相談したい。どうしても当方との業務提携ができないにしても、胸襟をひらいてあなたと話し合ってみたい」

などと手をかえ品をかえして社長の北田内蔵司に迫った。北田は多忙を口実に逃げまわり、五島を疫病神みたいにして会おうとはしなかった。業界の集りである百貨店会議の席上、つかまえても北田は、五島の顔さえ見ようともせずおろおろするばかり。会議の進行妨害になるのでほかの同業者たちは迷惑するし、五島自身、そのころの自分を「こちらはまるで株ゴロだった」と回顧しているくらいだ。


しかし、株ゴロを恐れて逃げまわるふりをしながら、じつは北田は有力な援軍を、政財界にもとめて奔走していたのだった。やがて強力な援軍が続々と現れた。


一番手として立ちはだかったのは、三井銀行の今井喜三郎であった。

「三越を乗っ取ろうとするのは、三井本家への挑戦ですぞ。わきまえておられるのか。わるいことは言わぬ。いまからでも遅くはない。三越株の買い占めはおやめなさい」

「やめないと言ったら……？」

「三井財閥としても、攻めてくる敵は気の毒ながら、撃破撃滅しなければなるまい。当三井銀行は目蒲電鉄および東横電鉄に対する融資を、すべてストップせざるを得んだろう」

「暴力には暴力で抵抗するまでです」

平然として五島は睨み返し、それからも北田社長に対しての「株ゴロ」もどきの態度を改めることなく、三越をゆさぶった。

「早急に会いたい」

と三菱銀行の加藤武男が申し入れてきた。

加藤も慶応義塾卒。三菱財閥のシンクタンクである三菱本社の監査役と三菱銀行頭取を兼ねている、四代目社長の岩崎小弥太に次ぐ実力者だ。

「三越より手を引かなければ、三菱銀行も融資しない。あんたは自分では、慶応大学のために日吉台の土地を寄贈した功労者だと思っておられるだろうが、それとこれは別であることを認識されるがよかろう」

と圧力をかけるのであり、この加藤が援軍の二番手だったのだ。

三井・三菱の両銀行を敵にまわせば、どんな大企業だって安泰ではいられない。しかし

〝剛〟の五島は兜を脱ぐ気にはなれない。

ついには〝総大将〟の池田成彬《しげあき》までが出てきた。池田はあの中上川彦次郎の女婿。慶応義塾を出てハーバード大学に学び、三井銀行大阪支店時代は小林一三を軽視していた、いまは団琢磨亡きあとの三井合名常務理事であり、第一次近衛文磨内閣の大蔵大臣兼商工大臣にもなっていた。

「三越を買収合併しようなどという野望は棄てて、一〇万株は三越従業員の共済組合と、小林一三君に譲渡されるがよかろう。チャレンジ精神は大いに結構、ただし、それだけでは天下は取れっこないよ」

と、池田は具体的な指示までした。

それでも五島はたじろがなかった。


〝総大将〟が出陣してきたのだから、もうこれで終わりかと思っていたらもう一人、小柄な紳士がやってきた。〝師〟の小林一三であった。加藤武男や池田成彬が現れてもたじろがなかった五島も、うろたえざるを得ない。つい本音が出てしまった。

「あなたまでが三越の援軍の一人として、現れるとは思いませんでしたよ」

「蛇が蛙をでなく、蛙が蛇を呑みこもうとしているようなものだ。意地になるでない、よせよせ」

小林は軽く言った。

「自分の力だけでやれるものに全力を注ぐ、独立不恥影……そう教えてくれたのはあなたですよ。わたしは独力で三越に勝てる、その自信があるからやっているんです」

「蛇を呑みこむ青蛙になれ……そんなことは言わなかったぞ」

「四面楚歌のわたしを助けてください……とは乞いませんが、あなただけは理解者であってほしかった。これが本心です」

長歎息しながら五島は天を仰ぐ。

「きみはまだわかっておらんようだな。わたしも慶応閥の一人として、きみを阻止しようとしてきたのではない。事業成功の秘訣の一つとして、つねに事業は一年先を目標に計画を立てよ。一〇〇年先をみる人は狂人にされてしまう。五〇年先をみる人は犠牲者になるだけだ……と教えておいたのを」

「いいえ、片時も忘れることなく、そのように心がけています」

「予想に反して、中国との戦争は長期戦になってきた。米英を相手の世界戦争になる恐れもある。松永安左衛門君たちの電力業界を見たまえ。電力の国家管理が実現したし、生活物品の統制時代がきて、経済界の動向も大きく変わらざるを得んだろう。こういう戦時中にデパートを経営すること自体、至難なことになるだろう。一年先をみながら堅実に前進することだ」

「戦時体制が強化されていくのは、充分に認識しておるつもりです。しかし、三越だけはべつです。何としても征服したい。あなただって阪急百貨店の邪魔になる、阪神百貨店の創業を阻止しようとしているではありませんか。同じように東横百貨店を成長させるには、三越が邪魔なのです」

「いや、それは違う。日本一の三越は三越として、ちゃんと残しておくべきなんだ。仮にきみが三越を征服したとしても、世間はきみを評価しないだろう。東横が経営する三越ではだれもよろこばないだろう。三井が経営する伝統ある老舗三越だからこそ、世間の人気は衰えないんだ。

……こんな話があるのを知っているかね。不景気だった大正初めのことだ。松方幸次郎氏の神戸の川崎造船所が極度の不振に陥った。隣りの三菱神戸造船所が買収してくれるなら、手放してもいいというところまでいった。よろこんだ三菱の重役が、この話を三代目の岩崎久弥氏へもっていった。それなのに久弥氏は、首を左右に振った。日本の造船所を独占しても、決して三菱は大きくならない。三菱と川崎がつねにライバル関係でいてこそ、お互いにそれぞれに発展していく。造船技術も向上する。ライバルを失ってはならない……これが理由だよ。いい教訓じゃないか」

「なるほど……〝日本一の三越は三越として残しておけ〟は、そういうことですか。三越に追いつき追い越せのライバル意識があってこそ、東横も大発展するというわけですね」

「そういうことだ。わたしにも箕面有馬電鉄を任された当時は、いまに阪神電鉄に追い抜いてみせる、そのうちに吸収合併できるまでになってみせる、関西の私鉄を独占してみせるの野心があった。燃えていた。それはそれでよかった。だから阪急は大きくなることができた。が、いまは共存共栄でいくべきだと思っている。阪神電鉄を併呑したいとは思わない。

正力松太郎君の読売巨人軍だってそうではないか。巨人軍がいくら強いチームでも、相手がいなければ試合にならない。だから阪神タイガースもできた。わたしも阪急ブレーブスをつくった。阪神対阪急は勝ったり負けたりで観衆をよろこばせている。一方強くて勝ってばかりいたのではおもしろくない。巨人ファンは巨人軍が連戦連勝してくれればいいと願っているだろうが、それではプロ野球はすぐにすたれてしまう。相手チームを大事にしなくては。企業対企業の戦いだって、そうでなくてはいけない。敵国なき国は亡びる、と孟子は言っておるじゃないか」

「それはそうでしょうが、三井マンだったころのあなたは三越に採用してもらえなかった……その怨念やら屈辱がくすぶりつづけていると思っていましたよ。見返してやる気で阪急百貨店に三越大阪店を占領させる……それくらいの敵愾心が燃えに燃えていると見ていたのに、ここで三越擁護論を聞かされるとは意外です」

相手が〝師〟であっても、やはり五島慶太は折れたくないのである。

なおも論戦はつづき、小林もムキになってきた。お互いの形相は殺気立っていた。

とうとう小林はサジを投げて帰っていった。

# 十九章

# 天下無類の鼻柱の強さを持て！

⑲ 名将に学ぶ〝共存共栄〟

●軍《いくさ》の勝ちは五分を上とし、七部を中とし、十を下となす。戦国武将たちも「大勝ばかりを知るは、かえって危険なり。全勝は全敗の前提になりかねぬ』としたものだよ。

## 「軍の勝ちは五分を上とせよ！」

〝三越戦〟は長期戦と化した。

東京高速鉄道の渋谷――新橋間の地下鉄が全通した昭和一四年になると五島は、早川徳次とのあいだでも〝地下鉄戦争〟を勃発させた。五島が「新橋で東京地下鉄道と東京高速鉄道は連結すべきだ」と強要し、これを早川が拒否したからである。政治家たちまでが眉をひそめて、

「五島慶太はたんなる強盗ではない。株を買い占めて会社を乗っ取るだけでなく、監督庁の官吏と結託して不当の行政をやらせておいて、地下鉄をも強奪しようとしている。石川五右衛門よりも悪知恵がはたらく石川十右衛門だよ」

と罵倒するようになった。

突然、怪事件が突発した。

三越社長の怪死事件であった。日比谷の交差点にあった公衆電話ボックス内に、死体がうずくまったままになっているのが、早朝に発見されたのだ。それが北田内蔵司だと判明して、

「三越社長は強盗慶太が放った殺し屋に消された！」

「石川十右衛門を死刑にしろ！」

と市民たちは騒ぎ、事件記者はよろこんだ。

警察医が解剖した結果、死因は脳溢血だったが、世間はそうはとらなかった。北田の行動が証明された。その日は日曜日であり、前日の土曜日に五島が、彼に電話で面会を申し入れた事実がある。

「お目にかかっていろいろと、御社の経営のことで相談したい。東横と三越が提携できないにしても、あなたと懇談したいのです」

との五島の要望に対して、いつもの逃げ腰ながら北田は、こう約束したのだ。

「そうまでおっしゃられるのなら。しかし親の病気見舞のため、あすの日曜日は郷里の勝山へ帰ることにしていますので、明後日の月曜日に再び、連絡させていただきます」

そのとおり、夜に千葉県から日帰りしてきた北田は、日比谷交差点でハイヤーを呼ぶため公衆電話ボックスに入ったらしいのだ。そこまで証明されても、市民ばかりでなく、池田成彬をはじめ慶応閥の面々は「北田を殺したのは五島だ！」と公言してはばからなかった。東横電鉄グループの、イメージダウンは決定的になってしまった。

小林一三が静かに入ってきた。

「北田氏を殺したのは、まぎれもなくきみだよ。百貨店会議の席上、五時間も六時間も立ち往生させたり、質問攻めにしていじめたりしたからだ。彼は心身ともに疲労困憊していたんだ。他人をそこまで追いつめる権利はきみにはない。道義的責任をとりたまえ。さもなくば今日限り絶交だ！」

殺気立って論戦したときの勢いはどこへやら、さすがの五島も一言もなかった。

さらに小林が慰める顔でこう言った。

「軍《いくさ》の勝ちは五分を上とし、七分を中とし、十を下となす……だよ。圧勝しないで五、六分ていどの勝ち越しで我慢すべきだ。戦国武将たちも『大勝ばかりを知るは、かえって危険なり。全勝は全敗の前提になりかねぬ』としたものだよ。ここらで兵を退くのが、名将というものだ」

三越株一〇万株は、三越従業員共済組合と小林一三に一株につき一五〇円で、半分ずつ譲渡した。小林は一年間だけ、乞われて三越の取締役に名をつらねたが、その五万株は昭和一八年に三越社長に就任する、腹心の岩瀬英一郎に譲った。

五島は〝地下鉄戦争〟には圧勝した。

鉄道省が仲裁にはいって「早川・五島の両名はそれぞれ東京地下鉄道、東京高速鉄道から身を引くこと」とした〝大岡裁き〟の喧嘩両成敗になるが、昭和一六年に両社は帝都高速度交通営団に吸収された。この営団理事に五島が選ばれたのだから、彼が経営権を掌握したのも同然だった。

しかし、現在の地下鉄銀座線の地下街には早川徳次の胸像が飾られているが、五島慶太のそれはない。関係者たちはやはり、早川のほうが真の勝者とみなして、後世に伝えたいのかもしれない。五島がこの〝地下鉄争〟も「五分を上」する勝利で我慢していれば、彼の胸像も飾られたのではないだろうか。

## 天下無類の〝度胸〟

三越に対しては五島は二度と手を出さなかったが、昭和三一年一月には日本橋白木屋の三三〇万株——発行株式のじつに八二・五パーセントを一二億円を投じて掌中にし、世間のごうごうの非難にもめげずこれを〝占拠〟した。小林の「共存共栄」「軍の勝ちは五分を上」の教えにだけは、五島は終生なじまなかったのである。

新宿コマ劇場と梅田コマ劇場新設の仕事を最後に、小林はこの翌年――三二年一月に永眠している。法名は「大仙院殿真覚逸翁大居士」。真覚というのは「企業経営の真髄を覚った」という意味も含まれているのだろうか。宝塚大劇場において四〇〇〇人の宝塚歌劇団生徒のほか、各界三五〇〇人が参列して荘厳な音楽葬がおこなわれた。

松永安左衛門は『故友・三人太閤』と題して、親友だった山本条太郎、山下亀三郎、小林一三の思い出を書いているが、とくに小林のそれはみごとな〝弔辞〟になっている。

この箕面電鉄事件（野江線疑獄）に頑張った小林は、それ以来五十年の変わらぬ小林であった。事業でも生活でも、お茶でもどこまでも小林らしい小林であった。「今太閤」なぞと世人はかれの智慧者だったことばかり目をむけているが、ぼくはかれの本質を「強情者」の一語でつくしたい。

もちろん智慧も衆にすぐれ、策略も一頭地を抜いていた，しかしそれらのすべてが、やはりかれの度胸から出ているとぼくは思う。喧嘩腰も強かったし、意地も強く実行力も強かった。総じていえば、その鼻柱の強さはぼくらの中で天下無類であった。しかもその鼻柱の強さを押しとおすにいわゆる低い姿勢、いわゆる低音のくどきといっ

た芸も忘れなかったところに彼の何よりの身上があった。（松永安左衛門著作集・第二巻五月書房刊）

本書は平成二七年九月に弊社で出版した
『小林一三　価千金の言葉』を改題改訂したものです。

## 小林一三 天才実業家と言われた男

著　者　小堺昭三
発行者　真船美保子
発行所　KK ロングセラーズ
東京都新宿区高田馬場 2-1-2　〒169-0075
電話（03）3204-5161（代）　振替 00120-7-145737
http://www.kklong.co.jp
印　刷　大日本印刷（株）　製　本　（株）難波製本

落丁・乱丁はお取り替えいたします。
※定価と発行日はカバーに表示してあります。
ISBN978-4-8454-5040-4　C0295　Printed In Japan 2017